AF273674

CARTA 6
Algunos rasgos del espíritu del Opus Dei

JOSEMARÍA ESCRIVÁ DE BALAGUER

CARTA 6
Algunos rasgos del espíritu del Opus Dei

Edición preparada por
LUIS CANO

EDICIONES RIALP
MADRID

Preimpresión: www.produccioneditorial.com

ISBN: 978-84-321-6680-8
Depósito legal: M-1532-2024

Impreso en España   *Printed in Spain*

Anzos, S. L. - Fuenlabrada (Madrid)

ÍNDICE

NOTA DEL EDITOR

Las *Cartas* de san Josemaría, como la que aquí presentamos, son un conjunto de escritos de gran valor para conocer el mensaje del Opus Dei y la biografía de su fundador. No son misivas de su epistolario personal, sino escritos destinados a los hombres y mujeres del Opus Dei de todos los tiempos, aunque también pueden ser útiles para todos los cristianos. En ellas escribe con un tono familiar, sin aire de tratado, acerca de variados temas relacionados con la vida cristiana o con el carisma que recibió de Dios[1].

---

[1] Para conocer más detalles sobre la naturaleza e historia de estos documentos, remitimos a la amplia *Introducción general* del primer volumen de *Cartas* de la Colección de Obras completas de san Josemaría, publicado por Rialp: Josemaría ESCRIVÁ DE BALAGUER, *Cartas* (I), edición crítica y anotada, preparada por Luis CANO,

No sabemos mucho de la historia de este escrito, pero puede ser útil recordar el contexto histórico en el que fue ultimada su redacción. El 22 de mayo de 1962, san Josemaría recibió de la Santa Sede una respuesta negativa a su propuesta de trasformar el Opus Dei en una figura canónica que se adaptara mejor, vista la experiencia de los últimos años, al carisma de la Obra. Era la segunda vez que lo intentaba, pues en 1960, ya había manifestado a la Santa Sede –sin éxito– la oportunidad de un cambio de configuración jurídica[2].

Este acontecimiento puede haber acelerado el proceso de revisión y terminación del entero ciclo de las *Cartas* de san Josemaría, que estaba pendiente de concluir y de dar a la imprenta. Era un momento adecuado para dar doctrina clara a los miembros del Opus Dei sobre la secularidad de su vocación[3] y explicarles por qué la figura del

---

Colección de Obras Completas de Josemaría Escrivá, Madrid, Rialp, 2020, pp. 3-32.

[2] Cfr. Amadeo DE FUENMAYOR - Valentín GÓMEZ-IGLESIAS - José Luis ILLANES, *El itinerario jurídico del Opus Dei. Historia y defensa de un carisma*, Pamplona, Eunsa, 1990, pp. 323-327, 332-338.

[3] Puede verse un resumen del significado del concepto de secularidad en san Josemaría y sus implicaciones vitales en la realidad del Opus Dei, en Ana Marta

Instituto secular no era, a su juicio, idónea para salvaguardarla.

Comenzó por enviar escritos a todas las circunscripciones, para clarificar esta cuestión. Al mismo tiempo, mandó al taller de tipografía esta *Carta*, que según nuestros datos fue la primera en imprimirse, y que trata sobre diversos aspectos de la vocación y de la misión de la Obra, deteniéndose especialmente en la secularidad y en los contrastes del Opus Dei con el modelo de vida de los religiosos.

Esto ocurría en el segundo semestre de 1962, pero la *Carta* no salió de la linotipia hasta febrero de 1963[4] y, por razones que desconocemos, el fundador prefirió no enviarla inmediatamente a las *regiones* del Opus Dei. Les llegaría en noviembre de 1966, cuando ya se habían impreso y expedido la mayor parte de las *Cartas*.

San Josemaría no explica las circunstancias históricas que rodeaban aquel 11 de marzo de 1940, fecha en que quiso datar este documento. Sabemos que en esos días el obispo de Madrid-Alcalá, don Leopoldo Eijo y Garay, le pidió

González, "Secularidad", en José Luis Illanes (coord.), *Diccionario de San Josemaría Escrivá de Balaguer*, Burgos, Editorial Monte Carmelo, 2013, pp. 1136-1142.

[4] Nota Ip 27/63, del 26 de febrero de 1963 (AGP, leg. 904/3579).

que solicitara la aprobación diocesana del Opus Dei. El fundador consultó este paso con expertos y dedicó esfuerzo y oración a esa tarea, para formular adecuadamente la petición.

Se dedicó también a poner por escrito una serie de documentos en los que delineaba los rasgos esenciales de la vocación de los miembros del Opus Dei, entre los que destaca su secularidad. Aunque ese trabajo no estuvo concluido hasta casi un año más tarde, en febrero de 1941, tal vez quiso poner la fecha del 11 de marzo de 1940 a esta *Carta* por su relación con ese momento. La aprobación diocesana fue otorgada un año después, el 19 de marzo de 1941[5].

El tema de la *Carta* es el espíritu del Opus Dei, o el carisma, como se diría también ahora, que el fundador exhorta a vivir bien, y que quiere presentar en su genuina sencillez. De ahí las palabras *Sincerus est* que quiso poner como íncipit latino.

Como sucede en varias de sus *Cartas*, san Josemaría va pasando de un tema a otro, sin seguir un esquema rígido y volviendo de vez en cuando sobre algo ya tratado, en «aparente desorden», como explica en otro escrito[6].

---

[5] Cfr. *Itinerario,* pp. 85-112.

[6] Cfr. *Carta* n.º 7, § 25c, en Josemaría Escrivá de Balaguer, *Cartas* (II), edición crítica y anotada, preparada

Hay, sin embargo, un hilo conductor. Desea mostrar lo específico del espíritu que predica y su enraizamiento en el Evangelio, su semejanza con la vida de los primeros cristianos. Recalca, sobre todo, la secularidad de la vocación en el Opus Dei y otros rasgos que son en parte comunes a todas las modalidades de entrega cristiana, y en parte específicos, por el modo peculiar que tienen de vivirse en la Obra por él fundada.

Por ejemplo, si bien la conciencia de la propia filiación divina resulta esencial para todos los cristianos, san Josemaría la señalará como el fundamento de la vida espiritual en el Opus Dei (§ 2). Indica que la misión de la Obra es restaurar el mundo en Cristo (§ 2) —algo que se puede decir de la Iglesia en general—, iluminando a las gentes con la luz de Dios (§ 3); pero, en este último caso, lo específico del Opus Dei es cumplir esa misión en las ocupaciones seculares (§ 9). Afirma que los miembros de la Obra no se distinguen de los demás cristianos corrientes (§§ 9-10), pero subraya que su afán es poner a Cristo en la cumbre de las actividades humanas (§ 12), prestando especial atención al trabajo, que se convierte en camino de santificación (§ 13), y practicando un apostolado de persona a persona, en un clima

por Luis Cano, Colección de Obras Completas de Josemaría Escrivá, Madrid, Rialp, 2022.

de amistad y comprensión (§§ 14, 54-55, 64-69, 70-72). La base en la que se apoya este camino eclesial es una vida contemplativa, de intensa oración, que lleva a integrar todos los aspectos de la existencia en una "unidad de vida" (§§ 14-16), en una fuerte coherencia, y con espíritu de libertad (§ 37).

En varios momentos, san Josemaría habla de las contradicciones y dificultades que ha encontrado el Opus Dei en su caminar, las incomprensiones acerca de un espíritu y de un modo de actuar que para el Fundador son sencillos y diáfanos (§§ 17-20, 43-45). Rechaza, sobre todo, la acusación de secretismo (§§ 56-60).

Como trasfondo de su exposición, está el horizonte de la identificación con Cristo (§ 11) y la llamada a llevar el Evangelio a toda la humanidad. Para él, esta tarea evangelizadora se realiza por medio de una amistad llena de comprensión, fomentando la unidad con todos los hombres y practicando una tolerante transigencia con las personas (§§ 54-55, 64-69, 70-71). Y requiere buen ejemplo (§§ 51-53) además de una exposición de la doctrina cristiana que se acomode a la mentalidad de los oyentes (§§ 47-48).

Otras virtudes o características presentes en el carisma del Opus Dei son la humildad (§ 4), la unidad en lo fundamental y la diversidad en lo opinable (§ 27), la pobreza (§ 28), la alegría y el espíritu de agradecimiento a Dios (§ 29) y la sinceridad (§ 61).

Hay varias referencias también a la necesidad de adecuar el espíritu que está exponiendo a una fórmula jurídica que refleje adecuadamente su idiosincrasia (§§ 73-75).

CARTA 6

[Acerca de los rasgos característicos de la llamada al
Opus Dei y de su misión evangelizadora, al servicio de
la Iglesia; también designada por el íncipit *Sincerus est*;
lleva la fecha del 11 de marzo de 1940 y fue enviada el 22 de
noviembre de 1966, aunque hay noticias de su impresión
ya en febrero de 1963].

El espíritu del Opus Dei es simple, cándido y
genuino. Se fundamenta en la Sagrada Escritura, inspirada por Dios, que es infinitamente sencillo y que dice de sí mismo que es el Dios verdadero[1], que es veraz[2], que es la Verdad misma[3].

De este espíritu nuestro, claro y leal, quiero hoy recordaros algunos puntos, comentaros algunas de sus características. Porque el Señor, hijas e hijos míos, al encender en mí el vivo deseo de dirigirme frecuentemente a vosotros, me hace comprender muy bien aquellas hermosas palabras, con las que el Apóstol Pablo hablaba a los gálatas: *filioli mei, quos iterum parturio donec formetur Christus in vobis*[4]; hijitos míos, por quienes

---

[1] Cfr. Jr 10,10.
[2] Cfr. Rm 3,4.
[3] Cfr. Jn 14,6.
[4] Ga 4,19.

por segunda vez padezco, hasta formar enteramente a Cristo en vosotros.

Ojalá sepáis meditar y vivir fielmente todo cuanto os escribo, para que se pueda decir de vosotros lo que también de los primeros cristianos se dijo: *todos, efectivamente, aprendieron lo que tenían que hacer; y no solo lo aprendieron, sino que pusieron fervor en practicarlo; y no solo lo practicaron en las ciudades y en medio de las plazas, sino en las mismas cimas de los montes* [5], en todas partes.

2   Es un espíritu, el de la Obra, que nos lleva a sentir muy hondamente la filiación divina: *carissimi, nunc filii Dei sumus* [6]; queridísimos, nosotros somos ya ahora hijos de Dios. Verdad gozosa que fundamenta toda nuestra vida espiritual, que llena de esperanza nuestra lucha interior y nuestras tareas apostólicas; que nos enseña a conocer, a tratar, a amar a nuestro Padre Dios con confiada sencillez de hijos. Más aún, precisamente porque somos hijos de Dios, esta realidad nos lleva también a contemplar, con amor y con admiración, todas las cosas que salieron de las manos de Dios Padre Creador.

---

[5] S. JUAN CRISÓSTOMO, *In Matthaeum homiliae* 1, 5 (PG 57, col. 20).
[6] 1 Jn 3,2.

El mundo, hijos míos, las criaturas todas del Señor son buenas. Nos enseña la Sagrada Escritura que, concluida la obra maravillosa de la Creación, terminados el cielo y la tierra con su espléndido cortejo de seres[7], *contempló Dios todo lo que había hecho y vio que todo era muy bueno*[8].

Fue el pecado de Adán el que rompió esta divina armonía de la Creación. Pero Dios Padre, llegada la plenitud del tiempo, envió al mundo a su Hijo Unigénito para que restableciera esta paz: para que, redimiendo al hombre del pecado, *adoptionem filiorum reciperemus*[9], fuéramos constituidos hijos de Dios, capaces de participar de la intimidad divina; y para que así fuera también posible a este hombre nuevo, a esta nueva rama de los hijos de Dios[10], liberar la creación entera del desorden, restaurando todas las cosas en Cristo[11], que las ha reconciliado con Dios[12].

---

[7] Cfr. Gn 2,1.
[8] Gn 1,31.
[9] Ga 4,5.
[10] Cfr. Rm 6,4-5.
[11] Cfr. Ef 1,9-10.
[12] Cfr. Col 1,20.

La llamada a colaborar con Cristo

A eso, hijos míos, hemos sido llamados; esa ha de ser nuestra tarea apostólica que, con una espiritualidad propia y una ascética peculiar, se encuadra maravillosamente dentro de la única misión de Cristo y de su Iglesia.

El Señor nos llama para que le imitemos como hijos suyos queridísimos —*estote ergo imitatores Dei, sicut filii carissimi* [13], sed imitadores de Dios, como hijos suyos muy queridos—, colaborando humilde y fervorosamente en el divino propósito de unir lo que está roto, de salvar lo que está perdido, de ordenar lo que el hombre ha desordenado, de llevar a su fin lo que se descamina: de restablecer la divina concordia de todo lo creado.

3   Os repito con San Juan: *videte qualem caritatem dedit nobis Pater, ut filii Dei nominemur et simus* [14]. Nos llamamos y somos hijos de Dios; hermanos, por eso, del Verbo hecho carne [15], de Jesucristo, de Aquel de quien fue dicho: *in ipso vita erat, et vita erat lux hominum* [16], en Él estaba la vida, y la vida era la luz de los hombres.

---

[13] Ef 5,1.
[14] 1 Jn 3,1.
[15] Cfr. Jn 1,14.
[16] Jn 1,4.

Hijos de la luz, hermanos de la luz: eso somos. Portadores de la única llama capaz de iluminar los caminos terrenos de las almas, del único fulgor, en el que nunca podrán darse obscuridades, penumbras ni sombras[17].

Et lux in tenebris lucet, et tenebrae eam non comprehenderunt[18]; y esta luz resplandece en medio de las tinieblas, y las tinieblas no la han recibido. El Señor sigue derramando esplendores sobre los hombres, una luminosidad que es vida y calor de misericordia, porque Él es caridad, amor[19]; y se sirve de nosotros como antorchas, para que esas luces iluminen las almas y sean para todos fuente de vida, después de haber alumbrado y llenado la nuestra del fuego de las ilustraciones divinas[20].

Hijas e hijos míos, de nosotros depende en parte que muchas almas no permanezcan ya en tinieblas, sino que caminen por senderos que llevan hasta la vida eterna. Por eso, contemplando este panorama inmenso que nos ofrece la vocación, con la que el Señor ha querido graciosamente honrarnos, vienen a mi memoria aquellas palabras, también del Apóstol Juan, que hemos de repetir a tantos hombres: *esto que vimos*

---

[17] Cfr. Jn 1,5.
[18] Jn 1,5.
[19] Cfr. 1 Jn 4,8.
[20] Cfr. Lc 12,49.

y oímos, es lo que anunciamos, para que tengáis también vosotros unión con nosotros, y nuestra unión sea con el Padre y con su Hijo Jesucristo... para que os gocéis, y vuestro gozo sea cumplido [21].

4 Conviene que agradezcamos mucho y con frecuencia esta llamada maravillosa que hemos recibido de Dios, con un agradecimiento real y profundo, estrechamente unido a la humildad, que ha de ser, en el alma de cada uno, la primera consecuencia de esa luz comunicada por la infinita misericordia del Señor: *quid autem habes quod non accepisti?* [22]; ¿qué cosa tienes tú que no la hayas recibido de Dios?

Pero no solo esto: *si dixerimus quoniam peccatum non habemus, ipsi nos seducimus, et veritas in nobis non est* [23]; si dijéramos que no tenemos pecado, nosotros mismos nos engañamos, y no hay verdad en nosotros. En cambio, si somos humildes, si somos veraces, las miserias propias de la debilidad humana y las dificultades, que se nos puedan presentar, no serán nunca inconveniente para que la luz y el amor de Dios habiten en nosotros. Solo así obraremos como fieles hijos de la luz, objeto de la

---

[21] 1 Jn 1,3-4.
[22] 1 Co 4,7.
[23] 1 Jn 1,8.

continua misericordia de Dios e instrumentos eficaces de su voluntad.

Esa humildad fomentará en nuestra alma, e irradiará a nuestro alrededor, una gran confianza: *tenemos por abogado para con el Padre, a Jesucristo justo y santo, y él mismo es la víctima de propiciación por nuestros pecados: y no solo por los nuestros, sino también por los de todo el mundo*[24].

Humildad y confianza, hijos míos, para dirigir la mirada hacia el camino que Dios nos ha señalado, para comprenderlo rectamente, para seguirlo con lealtad. Una fidelidad así —rendida, entregada— nos dará en todo momento la seguridad de que verdaderamente hemos encontrado a Jesucristo, de que con Él estamos cumpliendo la voluntad del Padre, de que es verdadera nuestra respuesta filial a la vocación recibida.

Y oímos aquellas palabras de Pablo: *que Cristo habita por la fe en nuestros corazones, estando arraigados y cimentados en la caridad, a fin de que podamos comprender con todos los santos, cuál sea la anchura, y la longitud, y la alteza y la profundidad*[25] de este misterio: conoceremos, en todas sus dimensiones, lo que es vivir con Cristo.

---

[24] 1 Jn 2,1-2.
[25] Ef 3,17-18.

Alegría en el sacrificio

5   No olvidéis que la unidad de vida, que pide el llamamiento a la Obra de Dios, exige mucho espíritu de sacrificio y una gran abnegación. Estamos en un camino divino, en el que hemos de seguir las huellas de Jesucristo, llevando nuestra propia cruz, ¡la Santa Cruz!: y espera Dios Nuestro Señor que nos esforcemos generosamente, que nos sintamos dichosísimos, cooperando con sacrificio a que la Obra se realice.

De este modo lograremos roturar muchos campos de Dios, que no han recibido todavía la semilla de la salvación; venceremos muchas resistencias de los que se oponen a Jesucristo y a su Iglesia —a veces también, por desgracia, la resistencia de algunos que se llaman sus amigos—, que obstaculizan la libertad de los hijos de Dios y la realización de su Reino de caridad, de justicia y de paz; y vitalizaremos también, con la labor libre y responsable de cada uno, nobles instituciones humanas y los ambientes cristianos que agonizan.

Sí, hijos míos, os aseguro que contribuiremos poderosamente a iluminar el trabajo y la vida de los hombres, con el resplandor divino que el Señor ha querido depositar en nuestras almas. Pero no olvidéis que *quien dice que mora en Jesús, debe seguir el mismo camino que él siguió* [26]: camino que conduce siempre a la victoria, pero pasando siempre también a través del sacrificio.

No es mi propósito hacer en esta carta una exposición detallada de las principales exigencias de nuestra vocación. Sin embargo, como me he dejado llevar por San Juan, para hablaros de la necesidad del sacrificio en el cumplimiento de la voluntad del Padre, permitidme que os recuerde ahora la doctrina que el mismo apóstol daba a los primeros cristianos, deseosos también de conocer las obligaciones de su vocación cristiana.

6

Es una enseñanza que tiene toda la actualidad auténtica y perenne del Evangelio, hecha –por gracia especial de Dios– más patente a nuestros ojos, en virtud de la luz que nos pone en el alma nuestro profundo sentimiento de la filiación divina: *carísimos, no voy a escribiros un mandamiento nuevo, sino un mandamiento antiguo, que habéis recibido desde el principio: el mandamiento antiguo es la palabra divina que oísteis. Y no obstante yo os digo que el mandamiento de que os hablo, que es el de la caridad, es un mandamiento nuevo, el cual es verdadero en sí mismo y en vosotros, porque las tinieblas desaparecieron, y luce ya la luz verdadera. Quien dice estar en la luz aborreciendo a su hermano,*

---

[26] 1 Jn 2,6.

en tinieblas está todavía. Quien ama a su hermano, en la luz mora, y en él no hay escándalo. Pero el que aborrece a su hermano, en tinieblas está y en tinieblas anda, y no sabe adonde va, porque las tinieblas le han cerrado los ojos[27].

Camino de amor es el nuestro, hijos míos. De amor a Dios, nuestro Padre; de sincera, constante y delicada caridad fraterna. Siempre y en todo debéis vivir la caridad, porque también continuamente la caridad de nuestro Padre celestial es derramada en nuestros corazones[28]. Unidos en la caridad de Dios, *consummati in unum*[29], viviendo el *mandatum novum*[30] del Señor, seremos luz y calor de Dios entre los hombres, y fuertes como una ciudad amurallada: *frater qui adiuvatur a fratre quasi civitas firma*[31], el hermano ayudado por su hermano es como una ciudad fortificada.

7   No quiero detenerme a comentaros las maravillas de la caridad sobrenatural y del cariño humano verdadero, que con tanta delicadeza estáis viviendo desde el principio de la Obra: no son pocas las almas que han descubierto el Evangelio

---

[27] 1 Jn 2,7-11.
[28] Cfr. Rm 5,5.
[29] Jn 17,23.
[30] Jn 13,34.
[31] Pr 18,19.

en este calor cristiano de nuestro hogar, donde nadie puede sentirse solo, donde nadie puede padecer la amargura de la indiferencia.

Pero no he de dejar de haceros presente con insistencia que esa caridad de Cristo, que nos urge —*caritas enim Christi urget nos*[32]—, nos pide un amor grande, sin limitaciones, con obras de servicio[33] a todos los hombres: de cualquier nación, lengua, religión o raza —sin hacer distinción, dentro del orden de la caridad, de miras personales, temporales o de partido, ya que nuestros fines son exclusivamente sobrenaturales—, porque por todos ha muerto Jesucristo, para que todos puedan llegar a ser hijos de Dios y hermanos nuestros.

Así haremos ver que la Santa Iglesia —trabajando nosotros y enseñando a los demás a trabajar fraternalmente, lealmente, codo con codo con todos los hombres— es una realidad viva, que vive especialmente por sus santos, que nunca faltan en alguna parte de este Cuerpo Místico.

Amor sincero a todos los hombres —manifestación necesaria del amor que tenemos a Dios[34]—, y amor también al mundo en el que habitamos, a todas las cosas nobles de la tierra,

---

[32] 2 Co 5,14.
[33] Cfr. 1 Jn 3,18.
[34] Cfr. 1 Jn 4,20.

que son también objeto del amor de Dios[35]. Olvidad, pues, vuestra pequeñez y vuestra miseria, hijas e hijos míos, y poned los ojos y el corazón en este caudaloso río de aguas vivas, que es la Obra, que trata de contribuir eficazmente a que la humanidad se llene de caridad, de alegría y de paz.

La filiación divina

8   Siendo la filiación divina —como antes os recordaba— el fundamento seguro de nuestra vida espiritual, procurad meditar con frecuencia estas palabras de San Pablo: *los que se rigen por el Espíritu de Dios, esos son hijos de Dios, porque no habéis recibido el espíritu de servidumbre para obrar todavía solamente por temor, como esclavos, sino que habéis recibido el espíritu de adopción de hijos, en virtud del cual clamamos: Abba, ¡Padre!, porque el mismo Espíritu está dando testimonio a nuestro espíritu de que somos hijos de Dios. Y siendo hijos, somos también herederos; herederos de Dios, y coherederos con Jesucristo, con tal que padezcamos con él a fin de que seamos con él glorificados*[36].

Son palabras que resumen cómo ha de ser nuestro trato con Dios Padre, en unión con su Hijo y con el Espíritu Santificador, de cara a la

---

[35] Cfr. Jn 3,16.
[36] Rm 8,14-17.

herencia divina que nos espera, si sabemos ser fieles a la tarea apostólica que en esta tierra –por nuestra vocación– nos compete.

Postula a me, et daho tibi gentes haereditatem tuam, et possessionem tuam terminos terrae[37]; pídeme y te daré todas las naciones en heredad, y extenderé tus dominios hasta los confines de la tierra. Tenemos, por eso, el derecho y el deber de llevar la doctrina de Jesucristo a todos los órdenes de la vida humana, metiendo el espíritu del Señor en todas partes, divinizando todas las tareas del mundo.

Tenemos derecho y deber de acercar a Dios todo lo que es criatura de Dios, obra de su Creación, sin violentar nunca las exigencias del orden natural: porque –dice San Pablo– *todas las cosas son vuestras, bien sea Pablo, bien Apolo, bien Cefas, el mundo, la vida, la muerte, lo presente, lo futuro; todo es vuestro, pero vosotros sois de Cristo, y Cristo es de Dios*[38].

Luz del mundo, en medio del mundo

Hijos de la luz –decíamos– para ser luz del mundo. *Vosotros sois la luz del mundo... Brille así vuestra luz ante los hombres, de manera que vean vuestras*

9

---

[37] Sal 2,8.
[38] 1 Co 3, 22-23.

buenas obras y glorifiquen a vuestro Padre que está en los cielos[39]. Luz del mundo, hijos míos, viviendo con naturalidad en la tierra, que es el ambiente normal de nuestra vida; participando en todas las tareas, en todas las actividades nobles de los hombres; trabajando junto a ellos, en el quehacer profesional propio de cada uno; ejercitando nuestros derechos y cumpliendo nuestros deberes, que son los mismos derechos y los mismos deberes que tienen los demás ciudadanos –iguales a nosotros– de la sociedad en la que vivimos. Pero siempre libres de toda atadura, que pueda entorpecer el cumplimiento amoroso de la voluntad de Dios.

Por eso, hemos de buscar continuamente –en medio de nuestras diarias ocupaciones seculares– el trato y la unión constante con Jesucristo, de modo que ese fuego, que el Señor ha encendido en nuestras almas, nunca se apague ni se debilite: ya que ha de ser verdad que quienes nos rodean noten que somos luz de Dios, que ilumina el mundo.

10* Nuestra vida, por tanto, es un compromiso divino –que yo deseo concretar en un simple contrato civil de trabajo: algún día os lo explicaré–,

---

* "simple contrato", ver glosario (N. del E.).

[39] Mt 5,14.16.

que nos ayuda a vivir, no los votos de los religiosos, sino las virtudes cristianas, *quedando
libres del pecado y hechos siervos de Dios, y así daremos el fruto de la santificación y, por fin, lograremos
la vida eterna* [40].

El cristiano, que se sabe libre, pierde gus-
toso la libertad por amor a Jesucristo, para ser
servidor de sus hermanos los hombres. Nosotros
estamos convencidos de que nuestro compromiso de amor con Dios y de servicio a su Iglesia no
es como una prenda de ropa, que se pone y se
quita: porque abarca toda nuestra vida, y nuestra voluntad –con la gracia del Señor– es que
la abarque siempre. No debemos aparecer entre
los hombres como bichos exóticos, como un
elefante blanco u otra criatura rara, repugnante
o maravillosa, que se lleva dentro de un jaulón,
despertando en quienes la miran sentimientos
de curiosidad, de admiración o de amargura.

Somos iguales a nuestros conciudadanos;
por eso, *hemos de vivir siempre en la calle, salir a la
calle o, al menos, asomarnos a la ventana.* Tenemos
el deber de diluirnos, de disolvernos en la muche-
dumbre como sal de Cristo en el condimento de
la sociedad. Así, sin distinción de ninguna clase
–porque nuestro espíritu peculiar no lo permite–, idénticos también en los afanes nobles del

---

[40] Rm 6,22.

mundo a nuestros parientes, a nuestros amigos, a nuestros colegas, haremos ver a las gentes que no pueden vivir solo de lo transeúnte, porque de este modo no serán felices: les haremos levantar el corazón y la mente al cielo, y sentirán el gozo de saber que la criatura humana no es una bestia.

Luz y fuego encendido debemos ser —aquel fuego que siempre arderá en el altar[41]— para llevar, según las circunstancias, los hombres a Dios, respondiendo a la llamada de Jesucristo: *venite ad me omnes*[42], venid todos a mí; o para llevar Dios a los hombres, cuando se escucha al Señor que dice: *ecce sto ad ostium et pulso*[43], mira que estoy a tu puerta y llamo.

Pero no ha de olvidar el cristiano verdaderamente celoso que debe conservarse en el medio de estas dos actitudes, con serenidad y con equilibrio, porque si el Señor dice: *ecce venio cito et merces mea mecum est*[44], he aquí que vengo luego, trayendo conmigo el premio, para recompensar a cada uno según sus obras; también dice por San Mateo que las almas tienen que hacerle fuerza[45].

---

[41] Cfr. Lv 6,12.
[42] Mt 11,28.
[43] Ap 3,20.
[44] Ap 22,12.
[45] Cfr. Mt 11,12.

Nos basta recordar un maravilloso pasaje, después de la Resurrección: el Señor se une en el camino a aquellos discípulos que están tristes y titubeantes en la fe y, cuando les ha abierto el sentido de las Escrituras, llegados a Emaús, hace como que se va. Cleofás y su compañero, con un modo de decir que tiene un no sé qué lleno de ternura divina y humana, le ruegan: *mane nobiscum, quoniam advesperascit, et inclinata est iam dies*[46]; quédate con nosotros, porque sin ti se nos hace de noche.

Unión con Cristo mediador

Si el Hijo de Dios se hizo hombre y murió en una cruz, fue para que todos los hombres seamos una sola cosa con Él y con el Padre[47]. Todos, por tanto, estamos llamados a formar parte de esta divina unidad. Con alma sacerdotal, haciendo de la Santa Misa el centro de nuestra vida interior, buscamos nosotros estar con Jesús, entre Dios y los hombres.

11[*]

Nuestra unión con Cristo nos da conciencia de ser con Él corredentores del mundo, para

---

[*] Sobre el concepto de "alma sacerdotal", ver glosario (N. del E.).

[46] Lc 24,29.

[47] Cfr. Jn 17,22.

contribuir a que todas las almas puedan participar de los frutos de su Pasión, y conocer y seguir el camino de salvación que lleva al Padre.

No dejaré de repetirlo: para estar unidos con Cristo en medio de las ocupaciones del mundo, hemos de abrazar la Cruz con generosidad y con garbo. Sal de nuestra vida es la mortificación, hijas e hijos míos, que ha de acompañar delicadamente, inteligentemente, nuestro trabajo diario con el fin de sostener nuestra vida sobrenatural, de la misma manera que el latir del corazón sostiene la vida del cuerpo.

Así demostraremos a los demás hombres, que viven y trabajan en medio de las realidades del mundo, el significado de la oración sacerdotal de Jesucristo: *Pater sancte, serva eos in nomine tuo, quos dedisti mihi... Non rogo ut tollas eos de mundo, sed ut serves eos a malo. De mundo non sunt, sicut et ego non sum de mundo*[48]; Padre santo, protege en tu nombre a estos que me has confiado... No te pido que los saques del mundo, sino que los preserves del mal; ellos no son del mundo, como tampoco soy yo del mundo.

12 Hijos de mi alma, todas estas son ideas que van viniendo a mi mente –como os sucederá también a vosotros– cuando, considerando la

---

[48] Jn 17,11.15-16.

magnitud de nuestra tarea apostólica en medio
de las actividades humanas, procuro retener en
mi memoria, unidas a las escenas de la muerte —del triunfo, de la victoria— de Jesús en la
Cruz, aquellas palabras suyas: *et ego, si exaltatus
fuero a terra, omnia traham ad meipsum* [49]; cuando
yo seré levantado en alto en la tierra, todo lo
atraeré a mí.

Unidos a Cristo por la oración y la mortificación en nuestro trabajo diario, en las mil
circunstancias humanas de nuestra vida sencilla de cristianos corrientes, obraremos esa ma-
ravilla de poner todas las cosas a los pies del
Señor, levantado sobre la Cruz, donde se ha
dejado enclavar de tanto amor al mundo y a
los hombres.

Así simplemente, trabajando y amando a
Dios en la tarea que es propia de nuestra profesión o de nuestro oficio, la misma que hacíamos
cuando Él nos ha venido a buscar, cumplimos
ese quehacer apostólico de poner a Cristo en la
cumbre y en la entraña de todas las actividades
de los hombres: porque ninguna de esas limpias
actividades está excluida del ámbito de nuestra
labor, que se hace manifestación del amor redentor de Cristo.

---

[49] Jn 12,32.

*El trabajo, realidad de la vida secular
y medio de santidad*

13 De esta manera, el trabajo es para nosotros, no solo el medio natural de subvenir a las necesidades económicas y de mantenernos en lógica y sencilla comunidad de vida con los demás hombres, sino que es también –y sobre todo– el medio específico de santificación personal que nuestro Padre Dios nos ha señalado, y el gran instrumento apostólico santificador, que Dios ha puesto en nuestras manos, para lograr que en toda la creación resplandezca el orden querido por Él.

El trabajo, que ha de acompañar la vida del hombre sobre la tierra[50], es para nosotros a la vez –y en grado máximo, porque a las exigencias naturales se unen otras claramente de orden sobrenatural– el punto de encuentro de nuestra voluntad con la voluntad salvadora de nuestro Padre celestial.

Os digo una vez más, hijos míos: el Señor nos ha llamado para que, permaneciendo cada uno en su propio estado de vida y en el ejercicio de su propia profesión u oficio, nos santifiquemos todos en el trabajo, santifiquemos el trabajo y santifiquemos con el trabajo. Es así como ese trabajo humano que realizamos puede, con

---

[50] Cfr. Gn 2,15.

sobrada razón, considerarse *opus Dei, operatio Dei*, trabajo de Dios.

El Señor da al trabajo de la inteligencia y de las manos del hombre, al trabajo de sus hijos, un valor inmenso. Actuando así, de cara a Dios, por razones de amor y de servicio, con alma sacerdotal, toda la acción del hombre cobra un genuino sentido sobrenatural, que mantiene unida nuestra vida a la fuente de todas las gracias.

No se trata —ved bien qué lejos está todo esto del llamado espíritu *clerical*— de temporalizar la misión sobrenatural de Cristo y de su Iglesia: se trata de todo lo contrario, de sobrenaturalizar la acción temporal del hombre. Porque estamos plenamente convencidos de que todo legítimo trabajo humano, por humilde, pequeño e insignificante que parezca, puede tener siempre un sentido trascendente: una razón de amor, algo que hable de Dios y que a Dios lleve.

Es preciso, pues, mostrar a los hombres este sencillo camino de santidad, que se ofrece a todos con la magnífica simplicidad de las cosas divinas; y lo haremos bien, si procuramos comenzar a predicar esta doctrina con el ejemplo vivo de nuestra labor personal intensa, hecha con deseo de perfección —con la mayor perfección, también humana, posible—, con la perfección que pide lo que ha de ofrecerse a Dios.

14

Si ejercemos de este modo nuestra propia profesión, si realizamos así nuestras propias tareas en medio del mundo –ese trabajo o *munus* de cada uno, que es bien conocido por todos–, aprenderán de nosotros los hombres que es muy posible, también en las normales circunstancias de la vida ordinaria, hacer realidad en su alma el mandato que a todos ha dirigido el Señor: *estote ergo vos perfecti, sicut et Pater vester caelestis perfectus est* [51]; sed perfectos como vuestro Padre celestial es perfecto.

Cumplir la voluntad de Dios en el trabajo, contemplar a Dios en el trabajo, trabajar por amor a Dios y al prójimo, convertir el trabajo en medio de apostolado, dar a lo humano valor divino: esta es la unidad de vida, sencilla y fuerte, que hemos de tener y enseñar.

Contemplativos en medio del mundo

15   Almas contemplativas en medio del mundo: eso son los hijos míos en el Opus Dei, eso habéis de ser siempre para asegurar vuestra perseverancia, vuestra fidelidad a la vocación recibida. Y en cada instante de nuestra jornada, podremos exclamar sinceramente: *loquere, Domine, quia audit servus tuus* [52]; habla, Señor, que tu siervo escucha.

---

[51] Mt 5,48.
[52] 1 R 3,9.

Dondequiera que estemos, en medio del rumor de la calle y de los afanes humanos —en la fábrica, en la universidad, en el campo, en la oficina o en el hogar—, nos encontraremos en sencilla contemplación filial, en un constante diálogo con Dios.

Porque todo —personas, cosas, tareas— nos ofrece la ocasión y el tema de una continua conversación con el Señor: lo mismo que a otras almas, con vocación diversa, les facilita la contemplación el abandono del mundo —el *contemptus mundi*— y el silencio de la celda o del desierto. A nosotros, hijos míos, el Señor nos pide solo el silencio interior —acallar las voces del egoísmo del hombre viejo—, no el silencio del mundo: porque el mundo no puede ni debe callar para nosotros.

Sin ese trato fiel con nuestro Padre Dios, al que estamos llamados por nuestra misma vocación, os puedo asegurar que es muy difícil perseverar en el Opus Dei. Por eso, *todo lo que hagáis, hacedlo de buena gana, como quien sirve a Dios y no a los hombres, sabiendo que recibiréis del Señor la herencia del cielo por galardón; pues a Cristo Nuestro Señor es a quien servís*[53].

16

---

[53] Col 3,23-24.

Con esta unidad de vida, con este afán de contemplación en medio del mundo –en medio de la calle: al aire, al sol, bajo la lluvia–, no solo os dominará el deseo de permanecer en la tarea temporal, de no alejaros de las realidades terrenas, sino que os arrastrará el afán apostólico de penetrar valientemente en todas esas realidades seculares, para desentrañar las exigencias divinas que contienen; para enseñar que la fraternidad de los hijos de Dios –la fraternidad humana tiene sentido sobrenatural– es la gran solución que se ofrece a los problemas del mundo; para sacar a los hombres de su caparazón de egoísmo; para asegurar, a la vez, la necesaria personalidad y la verdadera libertad, *qua libertate Christus nos liberavit*[54], a los que están como disueltos en la masa; para, en una palabra, abrir a los hombres los caminos divinos de la tierra.

17 Ya veis, hijas e hijos míos queridísimos, a qué grandes horizontes apostólicos nos lleva la consideración de esos aspectos característicos de nuestra espiritualidad, insertados todos en el hilo común de la filiación divina.

Debéis estar muy agradecidos a Dios, porque nos ha dado esta espiritualidad tan sincera y sencillamente sobrenatural, y a la vez tan

---

[54] Ga 4,31.

humana, tan cerca de los nobles quehaceres terrenos. Es gracia muy especial —luz de Dios, os
decía—, que por su misericordia hemos recibido,
y que con humilde fidelidad hemos de transmitir a otras muchas almas.

Pero tened en cuenta que, en no pocas
ocasiones, esta espiritualidad y esta ascética han
costado y cuestan a vuestro Padre y a algunos de
vuestros hermanos tener que soportar la incomprensión, tener que oír que se tacha de locura —y
hasta de herejía— lo que es camino de Dios, y de
locos y herejes a los que lo siguen.

Permite el Señor que muchas veces detrás de las 18
obras de Dios vaya la incomprensión, y aun la
difamación y las persecuciones, como detrás de
la luz viene la oscuridad. Las promueven frecuentemente gentes *buenas* con mucha ceguera,
que no quieren saber de nada que no sea su ru-
tina, su comodidad o su egoísmo, que huyen en
su vida de toda complicación.

Y así, hasta en el ambiente eclesiástico,
entre tantas personas santas o —por lo menos—
cumplidoras del deber, se encuentran otras muchas sin celo, que son burócratas de la Iglesia de
Dios y dan la impresión de que no les importan
las almas. Unos y otros no entienden los términos espirituales: cuando se les habla, les parecen
vacíos, no han intentado vivirlos.

Alguna vez he pensado en que, por poca que sea la preparación que tengan, debían darse cuenta del deber grave que les ha de urgir a pedir informaciones, a escuchar al que se acusa, a estudiar su doctrina: la doctrina que el acusado propone, y los frutos que da.

Callo y callaré, mientras pueda callar: pero siento claramente que la defensa del espíritu de la Obra es la defensa de nuestra amistad con Dios, que nos dice: *ergo iam nos estis hospites et advenae, sed estis cives sanctorum et domestici Dei*[55]; ya no me sois extraños y advenedizos, sino conciudadanos de los santos y familiares de Dios.

19 Con esa ceguera o con esa comodidad, no pueden comprender que la libertad –la libertad personal– sea punto principalísimo del espíritu de la Obra de Dios; no pueden comprender que la mayor parte de las veces usemos el *yo*, haciéndonos responsables de nuestros actos, y que rara vez podamos decir *nosotros*, porque los demás hermanos nuestros –los demás socios de la Obra, diré mejor– no tienen la obligación de seguir el criterio determinado que tenga un miembro del Opus Dei, en las cosas temporales, ni en las teológicas que la Iglesia deje a la discusión de los hombres. Consuela leer en el Santo

---

[55] Ef 2,19.

Evangelio aquel *neque enim fratres eius credebant in eum*[56], nadie creía en Jesucristo.

Hay otras personas que, queriéndonos hacer pesar la experiencia de sus años viejos, nos miran con prejuicio. Yo, en cambio, pienso —y vosotros conmigo— que lo viejo y lo nuevo pueden estar llenos de vitalidad: el niño, el joven, el hombre que ha entrado en la madurez o en la vejez, pueden estar sanos, igualmente sanos, de cuerpo y de alma. Y la edad les lleva a darnos consejos —que no pedimos— con el *prejuicio* y la *prudencia* de lo viejo, cuando lo que necesitamos es oraciones, comprensión y cariño.

Esperanza y confianza en Dios: alegría

Todo esto pasará; mientras tanto luchemos en nuestra vida interior, en esa lucha ascética que nos llena de optimismo y de alegría, de paz y de esperanza. Y repitamos aquellas palabras que eran para mí una jaculatoria en los primeros años de nuestra Obra, una oración, si queréis, demasiado ingenua, pero que es la misma que nos dice San Juan que hicieron los discípulos al Maestro: *nunc scimus quia scis omnia*[57].

20*

---

* Sobre el significado de la "lucha ascética" en san Josemaría, ver glosario (N. del E.).

[56] Jn 7,5.

[57] Jn 16,30: «ahora vemos que lo sabes todo» (T. del E.).

Ahora continúo diciéndola: *Dios sabe más.* Hijos míos, *eratis enim aliquando tenebrae, nunc autem lux in Domino: ut filii lucis ambulate*[58]; éramos en otros tiempos tinieblas, ahora somos luz en el Señor: vamos a ir adelante como hijos de la luz.

Ante las contradicciones, sentiremos a Jesús que dice a Pablo, y en Pablo a nosotros: *sufficit tibi gratia mea, nam virtus in infirmitate perficitur*[59]; te basta mi gracia, porque el poder mío brilla y consigue su fin por medio de tus flaquezas.

Podéis decir con seguridad, con humildad y con fortaleza, a estos que nos denigran, las últimas palabras del Apologético de Tertuliano: *tal es la contradicción entre las obras divinas y las humanas, que cuando vosotros nos condenáis, Dios nos absuelve*[60].

21   Sin embargo, esta *novedad* nuestra, hijos míos, es tan antigua como el Evangelio. Desde que Jesucristo dijo que Él es *el Camino, la Verdad y la Vida*[61], e invitó a todos a seguirle[62], brotó con fuerza en el alma de muchos fieles —desde los primeros tiempos de la Iglesia— el deseo de hacer realidad la búsqueda de la perfección trazada por

---

[58] Ef 5,8.
[59] 2 Co 12,9.
[60] TERTULIANO, *Apologeticum*, 50, 3 (FC 62, p. 296).
[61] Jn 14,6.
[62] Cfr. Mt 16,24.

el Evangelio y practicada ejemplarmente por el mismo Jesucristo: vida de santidad personal y de actividad apostólica.

Así, la auténtica espiritualidad del Evangelio fue produciendo frutos abundantes de santidad, en todos los ambientes de aquella sociedad pagana que rodeaba a los cristianos de la primera hora. Son hombres y mujeres que viven sinceramente su fe, y son, por tanto, proselitistas; que trabajan con naturalidad entre los demás —si ciudadanos, como ciudadanos; si esclavos, como esclavos—; que practican una exquisita fraternidad y que se dedican a Dios y a la difusión de la Buena Nueva, en la medida de los dones que cada uno ha recibido[63]. El resultado fue la cristianización de la entera sociedad pagana.

No faltaron desde entonces, a lo largo de los siglos, almas que han buscado seguir de cerca el ejemplo de Jesucristo: pero, progresivamente, fueron concentrando su esfuerzo por vivir —en el ejercicio públicamente profesado— tres consejos, que se han hecho tradicionales: la pobreza, la castidad y la obediencia, que quedaron así   22*

---

[*] Sobre las ocupaciones temporales de los religiosos, ver nota en glosario (N. del E.).

[63] Cfr. 1 Co 7,7.

tipificados como pilares ascéticos de un cierto estado de vida, distinto del de los simples fieles.

De este modo se delineó la condición propia del estado religioso que, en sus diversas formas evolutivas históricas, ha requerido siempre –como elemento sustancial– una separación más o menos completa del mundo, de las tareas y de las actividades seculares.

Para las almas que reciben de Dios esa vocación, las ocupaciones y los trabajos temporales del simple cristiano constituyen un impedimento, que se ha de abandonar –como condición *sine qua non*–, para buscar la propia santificación –viviendo la *vida de perfección evangélica*– y promover la salvación de los demás desde fuera del mundo, con la oración, la penitencia y las obras de apostolado compatibles con ese estado de vida.

Afán de santidad en el mundo

23 No quiere decir esto que no haya habido también otras almas, que han procurado dedicarse al cumplimiento perfecto de la voluntad de Dios, sin apartarse de sus quehaceres ordinarios y de la condición y del estado de vida que tenían en el mundo: las ha habido –ordinariamente aisladas– y la Iglesia, a algunas de ellas, las ha elevado a los altares.

La inmensa mayoría de esas almas, sin embargo, ha permanecido en la obscuridad, ha pasado en silencio, inobservada, sin que apenas pueda saberse hasta qué punto su vida santa ha sido ejemplo para otras personas y ha contribuido a manifestar la santidad de la Iglesia.

Con el ejemplo de estas criaturas extraordinarias, ha quedado también como en una semiobscuridad –por lo menos práctica– la doctrina clara de que todos los bautizados, aun permaneciendo en su normal vida de trabajo en medio del mundo, pueden y deben santificarse y ser levadura poderosa de vida cristiana[64].

Hay almas generosas, hombres o mujeres, que sienten el deseo de trabajar con todas sus fuerzas en la viña del Señor. No tienen, sin embargo, vocación religiosa; ni desean la *vida de perfección evangélica*, pero quisieran hacer realidad, en medio del mundo y de la vida ordinaria, sus deseos de *dedicarse a buscar la perfección cristiana y a ejercer el apostolado*.

Esas personas con hambre de perfección saben que no faltan ambientes –que también son de Dios– cerrados con fronteras que un

24*

* Sobre el significado de "perfección cristiana" en san Josemaría, ver glosario (N. del E.).

[64] 1 Co 5,6.

sacerdote o un religioso, por la naturaleza de su vocación, no puede traspasar. La descristianización progresiva de la sociedad moderna ofrece una prueba elocuente de que la vida humana, las profesiones y las actividades sociales, están muchas veces lejos de la Iglesia, y de las tareas propias de las gentes *consagradas* a su servicio.

25   Pues bien, hijas e hijos míos —como parte de la providencia de Dios en el cuidado de su Iglesia Santa y en la conservación del espíritu del Evangelio—, desde el 2 de octubre de 1928, ha encomendado el Señor al Opus Dei la tarea de hacer bien patente, de recordar a todas las almas, con el ejemplo de vuestra vida y con la palabra, que existe una llamada universal a la perfección cristiana y que es posible seguirla.

Lo que el Señor quiere es que cada uno de vosotros, en las circunstancias concretas de su propia condición en el mundo, procure ser santo: *haec est enim voluntas Dei, sanctificatio vestra*[65]; esta es la voluntad de Dios, vuestra santificación. Santidad escondida muchas veces —sin brillo externo—, diaria, heroica: para corredimir con Cristo, para salvar con Él las criaturas, para ordenar con Él las cosas humanas.

---

[65] 1 Ts 4,3.

Dios quiere servirse de vuestra santidad personal, buscada según el espíritu de la Obra, para enseñar a todos, de una manera peculiar y sencilla, lo que ya vosotros bien sabéis: que todos los fieles, incorporados a Cristo por el bautismo, están llamados a buscar la plenitud de vida cristiana.

Vocación de todos a la santidad

El Señor nos quiere instrumentos suyos, para re-   26
cordar prácticamente —viviéndolo también— que la llamada a la santidad es universal en concreto y no exclusiva de unos pocos, ni de un estado de vida determinado, ni condicionada en general por el abandono del mundo: que cualquier trabajo, cualquier profesión, puede ser camino de santidad y medio de apostolado.

Esta es, hijos, doctrina segura, luz de Dios. Doctrina que difícilmente podrá ser entendida por quienes no conciben la perfección cristiana ni la contemplación fuera del estado religioso; pero que está fundamentada en la Sagrada Escritura y en la Tradición de la Iglesia, confirmada por la experiencia que nos proporciona continuamente, a pesar de nuestra pequeñez humana, la vida del Opus Dei.

27*   Tiene la Obra un fin exclusivamente sobrenatural; por eso, es parte de su espíritu la libertad personal de cada uno de sus miembros; y por eso también no excluimos de nuestro trabajo a nadie, a ningún alma que quiera venir a compartir nuestros afanes, aunque no tenga nuestra fe.

No hay, lo sabéis bien, ningún absolutismo posible dentro de nuestra familia espiritual; se van tomando todas las precauciones para evitar ese daño, haciendo que el gobierno sea colegial. Sin embargo, dentro del Opus Dei, en lo fundamental no habrá ninguna disgregación viable, no habrá *opiniones;* estamos *consummati in unum* [66]: tenemos un breve denominador común, que es la doctrina de la Iglesia y, dentro de ella, el espíritu característico de la Obra y la manera peculiar de ejercitar el apostolado en medio de la calle, buscando la santidad personal y la de todos los que nos rodean; y un numerador amplísimo, un mar sin orillas, conforme siempre a la geografía y al tiempo, en el que las diversas opiniones son y serán constantemente prueba de buen espíritu, manifestación patente de que –en el Opus Dei– no hay tiranos ni esclavos.

---

* Sobre el significado del "no habrá opiniones" ver glosario (N. del E.).

[66] Jn 17,23.

El Señor nos ha dado la luz suficiente para comprender algo, que está en la historia de los hombres: el que ha sido esclavizado, generalmente después se hace déspota. Sin embargo, en la Obra, hay un orden, tiene que haberlo; si no, nuestro Opus Dei no podría ser instrumento para servir a las almas, para servir a la Iglesia, para ser fiel al Magisterio del Romano Pontífice.

Pero este orden, vivido con una extremada docilidad voluntaria y con libertad, es –creo que me entenderéis– una *organización desorganizada*: por eso, repito de nuevo, en lo temporal y en lo teológico que no es de fe, sí que las opiniones son admitidas y respetadas, como una sana manifestación de buen espíritu.

Tres características más tiene la Obra: con la alegría, el amor al trabajo y el amor a la pobreza. A Dios le daremos lo mejor, al culto divino –que ejercitamos, de ordinario, en pequeños oratorios– consagraremos con esfuerzo una atención, que haga imposible que le dediquemos el sacrificio de Caín: cuando un hombre a la mujer amada le regale, como muestra de afecto, un saco de cemento y tres barras de hierro –os tengo dicho–, haremos nosotros lo mismo con el Señor Nuestro, que está en los cielos y en nuestros Tabernáculos.   28

Nuestra pobreza, hijos míos, no ha de ser clamorosa pobretería; nuestra pobreza va oculta por una sonrisa, por la limpieza del cuerpo y la limpieza del vestido y, sobre todo, por la limpieza del alma. No esperemos —por tanto— una alabanza en la tierra, pero no olvidemos aquellas palabras de San Mateo: *Pater tuus, qui videt in abscondito, reddet tibi*[67].

Por eso hemos de vivir siempre lo que es natural, en el hombre, con sentido sobrenatural. Por eso podremos hacer divinas las cosas de la tierra. Por eso, para nosotros no es un sacrificio el aceptar nuestra vocación: no es sacrificio, porque sabemos que es una prueba de elección y de amor: *redemi te, et vocavi te nomine tuo, meus es tu*[68].

29   Así se podrá decir de nosotros lo que el salmista dice del Señor, Redentor nuestro y Modelo nuestro: *exsultavit ut gigas ad currendam viam*, siendo nosotros tan pequeños, *a summo caelo egressio eius et occursus eius usque ad summum eius*; me alegraré como gigante que corre por su camino y va de un extremo a otro, que desemboca en el cielo, llegando hasta los más lejanos confines; *nec est qui se abscondat a calore eius*[69], no hay quien pueda esconderse y todos reciben el calor.

[67] Mt 6,18. «Tu Padre, que ve en lo oculto, te recompensará» (T. del E.).

[68] Is 43,1. «Te he redimido y te he llamado por tu nombre: tú eres mío» (T. del E.).

[69] Sal 19[18],6-7.

Y al ver las maravillas que el Señor está ya comenzando a obrar por nuestras manos, en tantas criaturas que a nosotros se acercan, no tendremos la tentación del orgullo, porque en el fondo del corazón resonará aquel versículo del salmo: *Tu es, Deus, qui facis mirabilia: notam fecisti in populis virtutem tuam*[70]; solo tú eres, Señor, el que haces cosas admirables, y así das a conocer a las gentes tu poder.

Por tanto, *nolite itaque errare, fratres mei dilectissimi: omne datum optimum, et omne donum perfectum, desursum est, descendens a Patre luminum, apud quem non est transmutatio nec vicissitudinis obumbratio*[71]; toda dádiva buena y todo don perfecto, sabéis bien que viene de arriba, desciende del Padre de las luces, en quien no cabe mudanza ni sombra de variación.

Amor, fuente de luz

Cuando viváis toda esa doctrina, a veces no os   30
bastará hablar, tendréis necesidad de cantar por amor, como esos jóvenes que van de ronda; pero vosotros haréis coplas de amor humano a lo divino, y os sentiréis como aquellas criaturas de las que habla Ezequiel, para representar a los

---

[70] Sal 77[76],15.
[71] St 1,16-17.

evangelistas del Señor: *ibant et revertebantur in similitudinem fulguris coruscantis*[72]; andaréis por el mundo, dando luz, como hachones encendidos que chispean fuego.

El Espíritu Santo hace que nuestra Madre, la Iglesia de Jesucristo, realidad viva y siempre actual —moderna y antigua—, halle continuamente en la fidelidad al depósito rico y bien guardado que le ha sido confiado, las energías necesarias para renovar su juventud y para encontrar el modo de transmitir, según los tiempos —adaptándose al lenguaje de los hombres, comprendiendo su mentalidad— el mensaje cristiano a todas las almas: *nova et vetera, dilecte mi, servavi tibi*[73]; he guardado para ti, queridísimo, lo nuevo y lo añejo, se lee en el Cantar de los Cantares.

Y en el Evangelio, está escrito que *omnis scriba doctus in regno caelorum similis est homini patrifamilias, qui profert de thesauro suo nova et vetera*[74]; todo hombre docto en la ciencia de Dios es semejante al padre de familia, que va sacando de su tesoro cosas nuevas y cosas antiguas.

31   Nuestro espíritu es así, viejo como el Evangelio —os he escrito siempre— y, como el Evangelio, nuevo;

---

[72] Ez 1,14.
[73] Ct 7,13.
[74] Mt 13,52.

la naturaleza misma de nuestra vocación, nuestro modo de buscar la santidad y de trabajar por el Reino de Dios, nos hace hablar de las cosas divinas en el mismo lenguaje de los hombres, tener las mismas costumbres saludables que ellos tengan, compartir su misma recta mentalidad; ver a Dios —diría— desde el mismo ángulo, secular y laical, desde el que ellos se plantean, o pueden plantearse, los problemas trascendentales de su vida: no ser nunca un modelo glacial, que se pueda admirar, pero no amar.

Venimos, pues, a recoger con juventud el tesoro del Evangelio, para hacerlo llegar a todos los rincones de la tierra. Pero no venimos a *revolucionar* nada. Bebemos el buen vino añejo de la auténtica doctrina católica, respetando y amando todo lo que el Señor ha promovido a lo largo de tantos siglos, en servicio de su Iglesia Santa.

La acción del Espíritu Santo

Spiritus ubi vult spirat, et vocem eius audis, sed nescis unde veniat aut quo vadat[75]; el Espíritu sopla donde quiere, y oyes su voz, pero no sabes de dónde sale o adónde va. Esta ha sido la vida mía —lo escribo con emoción y con agradecimiento a mi Dios, dándome cuenta de que soy un pobre

32

---

[75] Jn 3,8.

pecador– desde hace muchos años: mucho
tiempo antes de que el Señor, derramando gracia
abundante –me encontraba entonces solo, con
el único bagaje de mis veintiséis años y de mi
buen humor–, me llamase claramente a trabajar
en su Obra, con una vocación bien definida.

La Obra está saliendo adelante a base de
oración: de mi oración –y de mis miserias–
que a los ojos de Dios fuerza lo que exige el
cumplimiento de su Voluntad; y de la oración
de tantas almas –sacerdotes y seglares, jóvenes
y viejos, sanos y enfermos–, a quienes yo re-
curro, seguro de que el Señor les escucha, para
que recen por una determinada intención que,
al principio, solo sabía yo. Y, con la oración,
la mortificación y el trabajo de los que vienen
junto a mí: estas han sido nuestras únicas y
grandes armas para la lucha.

Así va –así irá– la Obra haciéndose, cre-
ciendo, en todos los ambientes: en los hospita-
les y en la universidad; en las catequesis de los
barrios más necesitados; en los hogares y en los
lugares de reunión de los hombres; entre los pobres, los ricos y las gentes de la más diversa condición, para hacer llegar a todos el mensaje que
Dios nos ha confiado.

33   Una misión que la Obra se ha lanzado a cumplir
derechamente, con generosidad, sinceramente,

sin subterfugios ni mecenazgos humanos, sin recurrir —valga el ejemplo— al continuo salto en busca del sol que más calienta o de la flor más rica y vistosa: el sol está en nuestro interior y la labor se realiza —como ha de ser— en la calle, y se dirige a todos.

En estos años del comienzo, me lleno de profunda gratitud hacia Dios. Y al mismo tiempo pienso, hijos míos, en lo mucho que nos queda por recorrer hasta sembrar en todas las naciones, por toda la tierra, en todos los órdenes de la actividad humana, esta semilla católica y universal que ha venido a esparcir el Opus Dei.

Por eso, sigo apoyándome en la oración, en la mortificación, en el trabajo profesional y en la alegría de todos, mientras renuevo constantemente mi confianza en el Señor: *universi, qui sustinent te, non confundentur*[76]; ninguno de los que ponen en Dios su esperanza será confundido.

Afán de almas

Hijos míos, os pido que os unáis siempre y de continuo a mis intenciones, llenándoos también de confianza, mientras os disponéis a seguir trabajando con renovada juventud por la expansión de la Obra: *qui replet in bonis desiderium tuum,*

34

---

[76] Sal 25[24],3.

renovabitur ut aquilae iuventus tua[77]; porque Nuestro Dios hará realidad fecunda los deseos que ha puesto en nuestros corazones, y será siempre robusta y joven nuestra tarea espiritual en la tierra.

Espera el Señor de vosotros y de mí que, gozosamente agradecidos por la vocación que su infinita bondad ha puesto en nuestra alma, formemos un gran ejército de sembradores de paz y de alegría en los caminos de los hombres, de manera que pronto sean innumerables las almas que puedan repetir con nosotros: *cantate Domino canticum novum; cantate Domino omnis terra*[78]; cantad al Señor un cántico nuevo; sea toda la tierra un cántico de alabanza a Dios.

Los hijos de Dios en su Obra, sintiendo y viviendo sinceramente la filiación divina, unidos por los lazos fuertes del amor fraterno, podremos fácilmente ser —ya os lo he dicho— una *organizada desorganización* apostólica en el mundo, una transfusión continua de la fuerza vital cristiana en el torrente circulatorio de la sociedad.

35 Quiere el Señor que, solos, con el apostolado personal de cada uno, o unidos a otras gentes —quizá alejadas de Dios, o aun no católicas,

---

[77] Sal 103[102],5. «Quien sacia de bienes tu existencia: como el águila se renovará tu juventud» (T. del E.).

[78] Sal 96[95],1.

ni cristianas—, planeéis y llevéis a cabo en el mundo toda clase de serenas y hermosas iniciativas, tan variadas como la faz de la tierra y como el sentir y el querer de los hombres que la habitan, que contribuyan al bien espiritual y material de la sociedad y puedan convertirse para todos en ocasión de encuentro con Cristo, en ocasión de santidad.

En cualquier caso, el gran medio de que disponéis para realizar una y otra forma de apostolado —cada uno por su cuenta, o unido con otros ciudadanos—, es vuestro trabajo profesional. Por eso os he repetido tantas veces que la vocación profesional de cada uno de nosotros es parte importante de la vocación divina; por eso también, el apostolado que la Obra realiza en el mundo será siempre actual, moderno, necesario: porque mientras haya hombres sobre la tierra, habrá hombres y mujeres que trabajen, que tengan una determinada profesión u oficio —intelectual o manual—, que estarán llamados a santificar, y a servirse de su labor para santificarse y para llevar a los demás a tratar con sencillez a Dios.

Vuestro trabajo, vuestro apostolado —que habrá de ser necesariamente muy proselitista, como el de los primeros cristianos— atraerá a personas con ganas de trabajar, con temple, con nervio, con espíritu recio, constantes más que brillantes, audaces, sinceras, con amor a la libertad y —por eso— capaces de vivir nuestra entrega; capaces de ser, en su vida, en su trabajo, Opus Dei. Y esto, aunque jamás hubiese pasado por su mente —muchas veces porque viven en la gentilidad— la posibilidad de ser felices en amistad con Dios, y de llevar una vida de *dedicación* y de servicio.

La llamada a la Obra es para todos los fieles

36   Numerosos son, bien lo sabéis por experiencia personal, los caminos de la misericordia divina. A la Obra han de llegar gentes de todas las naciones, de todas las razas y de todas las lenguas; jóvenes y viejos, célibes y casados, sanos y enfermos: cada uno a ocupar el puesto que tiene asignado por la Voluntad de Dios, cada uno a aprovechar la oportunidad —la gracia especialísima— que la bondad de Nuestro Señor le ofrece.

Pensando en este camino con sabor de primitiva cristiandad, que Dios ha suscitado para renovar de modo tan admirablemente sencillo los milagros de la gracia en la vida de tantas almas, gozo releyendo despacio lo que escribía San Justino, maravillado como estaba ante el poder admirable del Evangelio.

Los que antes nos complacíamos en la disolución —dice—, *ahora abrazamos solo la castidad; los que nos entregábamos a las artes mágicas, ahora nos hemos consagrado al Dios bueno e ingénito; los que amábamos por encima de todo el dinero y los acrecentamientos de nuestros bienes, ahora, aun lo que tenemos, lo ponemos en común y de ello damos parte a todo el que está necesitado; los que nos odiábamos y nos heríamos unos a otros, y separados por modos diversos de vivir, no compartíamos el hogar con quienes no eran de la misma raza, ahora, después de la venida de Cristo, vivimos todos juntos y rogamos por nuestros enemigos y tratamos de disuadir a los que con odio injusto nos persiguen, a fin de que, viviendo conforme a los hermosos consejos de Cristo, tengan buena esperanza de alcanzar, junto con nosotros, los mismos bienes que nosotros esperamos de Dios, soberano de todas las cosas*[79].

Cualquiera podrá ser de la Obra, si Dios lo llama; su vocación no ha de comportar ningún cambio de estado y, por tanto, ninguna mudanza exterior. Cada uno permanecerá en el lugar que ocupa en el mundo, con su trabajo, con su mentalidad, con sus deberes de estado, con sus compromisos profesionales, con sus obligaciones para la colectividad, y con sus relaciones sociales: porque todas esas relaciones son medios, para su labor apostólica de cristiano.

37

---

[79] S. Justino, *Apologiae pro christianis* I, 14 (SC 507, pp. 162-165).

La Obra de Dios le dará su peculiar espíritu sobrenatural —su ascética específica— y la formación doctrinal adecuada, con el fin de que pueda santificarse y realizar su Opus Dei precisamente *en y a través* de esas mismas realidades humanas.

Pero, dentro de esa necesaria unidad de espíritu y de formación, cada miembro de la Obra actúa en el mundo —en sus actividades temporales, de carácter profesional, cultural, político, social, etc.— con plena libertad y, por tanto, con responsabilidad personal: una responsabilidad completa y exclusiva, que cada uno asume, como consecuencia lógica de la libertad absoluta de opinión y de acción, dentro de los límites de la fe y de la moral de Jesucristo.

38   El hecho teológico y apostólico de la Obra es, pues, tan peculiar, y tan diverso del nacimiento de una vocación religiosa y de la condición de vida que esta vocación lleva consigo, que seguramente ninguna persona —que desee ser admitida en el Opus Dei— habría pensado antes entregarse a Dios en el estado religioso, ni marcharse al seminario. Con razón podemos, por eso, afirmar que no apartamos a nadie de ninguno de esos otros caminos.

La Obra no tiene, no debe tener, aunque los amamos para los demás, seminarios menores ni escuelas apostólicas, donde las madres, llenas de buenos deseos —de deseos santos—, llevan a sus hijos desde muy pequeños, para ver si, viviendo en un medio especialmente apto, puede prender en ellos la vocación sacerdotal o la vocación religiosa.

Los que piden la admisión en la Obra —como ya tienen edad más que suficiente—, lo hacen con un conocimiento claro de la entrega personal que supone la llamada al Opus Dei, y de la misión apostólica peculiar que han de realizar.

Solicitan ser admitidos, después de madurar las cosas despacio y libremente; toman la decisión en conciencia, con capacidad responsable y con conocimiento de su libertad para decidirse o no, después de comprender los deberes que adquieren al aceptar la específica llamada de Dios en su Obra.

Libertad, para responder a la llamada divina

Nadie hay más interesado que nosotros mismos, en que vengan al Opus Dei solo quienes tengan verdaderamente esta específica vocación divina, y quieran entregarse y perseverar con plena libertad: porque esa es la mejor garantía de que, con la ayuda de la gracia de Dios, serán eficaces.

Al mismo tiempo, bien sabéis que es propio de nuestro espíritu ver con alegría que surjan muchas vocaciones para los seminarios y para las familias religiosas. Es más, damos gracias a Dios, porque no pocas de esas vocaciones brotan como fruto de la labor de formación espiritual y doctrinal que llevamos a cabo entre la juventud: al encender cristianamente el ambiente que nos rodea, al hacerlo más sobrenatural y más apostólico, se promueve lógicamente, para todas las instituciones de la Iglesia, un mayor número de almas.

40   Con especial cuidado procedemos así, cuando se trata de vocaciones al estado religioso. Desde el primer momento de la fundación del Opus Dei, he visto la Obra como una institución cuyos miembros no pueden ser religiosos, ni vivir *ad instar religiosorum* —a la manera de los religiosos—, ni ser equiparados a los religiosos de ningún modo.

Y esto, no por falta de afecto a los religiosos, que amo y venero con todas mis fuerzas; tanto, hijos míos, que puedo repetir con absoluta sinceridad, refiriéndome a esas almas, las mismas palabras de San Pablo a los fieles de Filipos: *testis enim mihi est Deus, quomodo cupiam omnes vos in visceribus Iesu Christi*[80]; Dios me es testigo de cuánto les amo, en las entrañas de Jesucristo.

Veneramos y respetamos profundamente la vocación sacerdotal y la religiosa, y toda la

---

[80] Flp 1,8.

labor inmensa que los religiosos han realizado y realizarán en servicio de la Iglesia: por eso no sería buen hijo mío quien no tuviera este espíritu.

Pero, al mismo tiempo, repetimos que nuestra llamada y nuestra labor —porque son una invitación a permanecer en el mundo, y porque nuestras tareas apostólicas se hacen *en y desde* las actividades seculares— se diferencian totalmente de la vocación y de la labor encomendada a los religiosos.

Os habéis entregado al Señor con la condición precisa de no cambiar de estado —de no ser religiosos, ni personas asimiladas a los religiosos—, de permanecer en medio del mundo en perfecta comunión de vida y de tarea con los demás fieles del pueblo de Dios, iguales a vosotros. 41

El trabajo que ponemos por obra, la mentalidad y los medios con que lo llevamos a cabo, las circunstancias en las que lo realizamos, y la formación y la ascética específicas que nos preparan para esa labor, son cosas que no se dan en el planteamiento teológico y jurídico del estado religioso.

Es muy diversa también nuestra tarea de la que ordinariamente hacen otros seglares, en asociaciones 42*

---

* Sobre las diferencias con las asociaciones, ver glosario (N. del E.).

o movimientos de variado tipo, promovidos más o menos directamente por la Jerarquía ordinaria de la Iglesia, o por órdenes o congregaciones religiosas.

Son asociaciones o movimientos, en los que no se exige una dedicación plena al ejercicio del apostolado; con un vínculo débil, casi inexistente o prácticamente nulo, que une bien poco los miembros a la asociación; con una falta también de profundidad —no necesitan más—, de rigor y de continuidad en la formación ascética y doctrinal, que de hecho —por otra parte— no puede decirse que les es indispensablemente necesaria para sus fines.

Pero, aunque poseyeran todas estas cosas, les faltaría siempre esa unión íntima y total entre la labor profesional y la labor apostólica, que caracteriza fundamentalmente la vocación específica y las específicas exigencias ascéticas de los socios de la Obra; que trae como consecuencia práctica que ni el Opus Dei ni sus miembros necesitan dinero de nadie, puesto que se sostienen con el fruto del trabajo profesional, aunque —en cambio— a las obras apostólicas que llevamos a cabo, les será indispensable para su buen desarrollo la colaboración generosa de gentes católicas o no, que con su oración, su trabajo o su dinero fortalezcan la eficacia.

Al llegar a este punto, me parece oportuno co-   43
mentaros en concreto algunas de las razones que
pueden explicar —no justificar— la postura de
ciertas personas, que quizá no procuran enten-
der nuestro camino o que se muestran incapaci-
tadas para entenderlo. Así, aunque sea de un
modo un poco negativo, quedarán más patentes
ciertas afirmaciones que definen nuestra espiritualidad y nuestra tarea apostólica.

Quienes están acostumbrados a alabar lo
artificial, a recrearse en las cosas raras o falsas,
y a ignorar la belleza de las que son preciosas y
genuinas —encuentran más hermosas las flores, si
no son naturales: ¿quién no ha oído decir, como
alabanza de unas rosas frescas y fragantes, ¡qué
bonitas son, parecen de trapo!?—, no podrán des-
cubrir fácilmente en las obras apostólicas lo que
es fruto, maravilloso pero sencillo, de la gracia
de Dios, de su providencia ordinaria y del trabajo humano esforzado y noble.

Si están habituados a hacer labor con es-
pectáculo, con ruido —con abundancia de fuegos
artificiales—, esa disposición de ánimo, que quizá
dura varios siglos, puede haberles formado una
conciencia peculiar, una mentalidad que les hace
ineptos para ver —no para creer: se palpa— que los
demás no usan de modales postizos ni de secre-
teos, que proceden con toda sencillez y naturalidad, ingenuamente y, por tanto, humildemente.

44   Si son superficiales y están acostumbrados a des-
virtuar, con ligereza y desconsideración, el legítimo sentido que, en determinadas vocaciones
específicas, pueden tener elementos respetables,
pero no esenciales para la verdadera búsqueda
de la perfección cristiana —colores y formas de
hábito, ceremonias largas y solemnes, cordones,
correas, crucifijos en bandolera o sobre el pecho,
medallas a la vista, etc.: signos en los que con
alguna frecuencia se manifiesta un cierto clasismo, lamentado en más de una ocasión por la
Iglesia—, dándoles importancia capital, esas personas, digo, se sentirán movidas a dudar de la
presencia de un verdadero camino de santidad,
si notan la falta absoluta de alguno de esos tradicionales elementos.

    Y en nuestro caso, hijos míos, faltan todos; ni
siquiera hay, ni debe haber, una sigla para el nombre de la Obra, sencillamente porque nada tenemos
que ver con el estado religioso: somos ciudadanos
corrientes, iguales a los demás ciudadanos.

    Si ignoran lo que significa la *dedicación*
completa a una labor *profesional* seria, a la ciencia profana, estarán muy lejos de poder valorar
el alcance y la envergadura del trabajo apostólico
que Dios pide a los socios de la Obra y el modo
que tienen de realizarlo.

    Si están habituados a servirse de la Iglesia
para sus fines de vanidad personal, a mandar

sin freno, a atropellar, a querer mangonear en todo, por principio serán enemigos de cualquier labor, en la que se les limite justamente sus deseos de dominar, porque considerarán que se atenta a su autoridad y quizá también a sus intereses económicos.

No nos puede extrañar tampoco, hijos míos, 45 aunque sea doloroso comprobarlo, que haya quienes inconscientemente formen el contorno natural de esas personas, a las que acabo de aludir, dejándose llevar por lugares comunes —que hay que echar abajo, porque limitan, condicionándola, la acción divina y la vitalidad de la Iglesia— y por prejuicios, que nacen del error, de la falta de doctrina.

Estas otras personas, a las que ahora me refiero, aunque sean honradas, no logran ver la rectitud y la legitimidad de un horizonte de aspiraciones nobles tan abierto ante sus ojos como el que ofrece la Obra; aunque sean buenas, no resisten el martilleo de la información unilateral o equivocada, llevada por gente aparentemente respetable; aunque sean incapaces de hacer el mal, no hacen el bien, por miedo a los poderosos; aunque sean listos y aun doctos, no perciben la eficacia del servicio a Dios y a su Iglesia que se desarrolla en su presencia, ni la doctrina teológica que lo sustenta, ni la norma jurídica que requiere.

46* Todo eso, hijas e hijos míos, nada importa. Si he querido hacer un inciso para aludir a estas dificultades, es solo porque el considerarlas nos ayuda —por contraste— a perfilar mejor los rasgos característicos de nuestro espíritu. Por lo demás, rezad con confianza filial en nuestro Padre Dios, disculpad a todos, y esperad.

Cuando el Cielo juzgue llegada la hora, hará que abramos —en la organización del apostolado en la Iglesia— el cauce por el que tiene que discurrir ese río caudaloso que es la Obra, y que en las circunstancias actuales no tiene todavía un sitio adecuado en el que asentarse: será tarea ardua, penosa y dura. Habrá que superar muchos obstáculos, pero el Señor nos ayudará, porque todo en su Obra es Voluntad suya.

Rezad. Vivid unidos a mi oración continua: *Domine, Deus salutis meae: inclina aurem tuam ad precem meam*[81]. Decid conmigo: Señor, Dios Salvador nuestro, escucha nuestra oración. Sin que os falte nunca la convicción profunda de que las aguas pasarán a través de los montes: *inter medium montium pertransibunt aquae*[82]. Son palabras divinas: las aguas pasarán.

---

* Sobre la anécdota sucedida en Burjasot, ver glosario (N. del E.).

[81] Sal 88[87],2-3.

[82] Sal 104[103],10.

Mientras tanto, sacad el propósito de poner en práctica, como hice yo, la invitación que recogí hace poco en Burjasot, durante unos días de predicación a un grupo de universitarios —algunos sois ya hijos míos— que se preparaban a mejorar su vida cristiana. Sobre una puerta, releí con gusto una inscripción que decía: *cada caminante siga su camino*. Esto es lo que hemos de hacer nosotros, esforzarnos cada vez con mayor empeño en conocer bien el camino específico, al que Dios Nuestro Señor nos ha traído, y en seguirlo fielmente.

Nuestra labor es una gran catequesis

Al profundizar en el conocimiento de nuestra vocación, al considerar el valor y las posibilidades de este peculiar modo nuestro de llevar el mensaje evangélico a los hombres, salta a la vista, hijas e hijos míos, que —siendo así y trabajando así— la Obra entera equivale a una gran catequesis, hecha de forma viva, sencilla y directa en las entrañas de la sociedad civil.

47

Verdaderamente, buena falta está haciendo ese apostolado doctrinal, incluso en grupos sociales y en países de vieja tradición cristiana, donde la ignorancia religiosa crece de día en día. Bien pudiera decirse que el mayor enemigo de Dios —porque se ama a Dios después de conocerlo– es la ignorancia: origen de tantos males y obstáculo grande para la salvación de las almas.

Lo que nos narra la Escritura –*ni siquiera hemos oído si hay Espíritu Santo*[83]– es retrato vivo aún de la carencia de doctrina clara en la mente de muchos hombres, de muchos cristianos; de personas poco instruidas y de otros que tienen fama de sabios, en las ciencias humanas; de hombres con prestigio, en su profesión, o que desempeñan labores de gobierno.

Y con la ignorancia brota la confusión, fomentada además con todos los medios de difusión oral y escrita –medios rápidos, capilares–, por los enemigos de la Iglesia o por personas imprudentes, a través de iniciativas, expresiones y costumbres, aparentemente inocuas, pero que encierran el error o llevan al error.

48   Igual que la ayuda a los que están enfermos, a los que son pobres, es una limosna material, la ayuda a los que tienen pobreza de doctrina es también limosna: limosna, caridad espiritual, que hemos de distribuir oportunamente, a manos llenas.

Hay que dar doctrina, para ahogar el mal en abundancia de bien. La verdad no puede ser

---

[83] Hch 19,2.

artículo de lujo[84]. Hay que sembrar abundante-
mente entre los fieles la buena doctrina, la doctrina segura —con el convencimiento de que lo
propuesto por el Magisterio como verdad de fe
permanecerá inconmovible—, dejando y enseñando la libertad sobre lo que es opinable.

Sembrar, hijos míos, con claridad, sin am-
bigüedades; porque no podemos permitir que
impere el escepticismo práctico: la verdad es
una. Con *don de lenguas* —os suelo decir, recor-
dando con gozo la venida del Espíritu[85]—, que
sabe acomodarse siempre a la condición, a la
capacidad y a la formación del que escucha, y
que es fruto de la oportuna preparación del que
habla, y del amor y de la fe con que realice esa
tarea apostólica[86].

Al deseo que tenéis de mejorar continuamente　49
vuestra formación, a vuestro afán de aprender, la
Obra corresponde proporcionándoos, en la medida y en la forma que requieren las circunstancias personales de cada uno, un conocimiento
exacto del dogma y de la moral, de la Sagrada
Escritura y de la liturgia, de la historia y del derecho de la Iglesia; de manera que más fácilmente

---

[84] Cfr. Mt 11,25.
[85] Cfr. Hch 2,4-6.
[86] Cfr. Jn 7,38.

podáis elevar al plano sobrenatural los conoci-
mientos humanos, y convertirlos en instrumento de apostolado.

Pero habéis de adquirir también la preparación profesional adecuada –cada uno la que
es propia de su ocupación en la sociedad, de su
empleo público intelectual o manual–, para poder realizar con eficacia ese apostolado de la doctrina, a través de vuestras personales actividades,
de vuestro trabajo ordinario.

Difícilmente podrá ser santificado el trabajo, si no se hace con perfección también humana; y, sin esa perfección humana, difícilmente
–por no decir de ningún modo– se podrá alcanzar el prestigio profesional necesario, la cátedra
desde la cual se enseñe a los demás a santificar
ese trabajo y a acomodar la vida a las exigencias
de la fe cristiana.

50   Es preciso, por tanto, poner todos los medios
necesarios para lograr esa buena instrucción profesional, y para conseguir que se mantenga al
día. Tenemos los mismos derechos y las mismas
posibilidades que cualquier ciudadano: acudi-
mos a los centros docentes, públicos o privados,
que ofrezcan las máximas garantías de procurar
esa buena preparación cultural, lo mismo para
una labor intelectual que para el ejercicio de un
oficio manual.

Al que pueda ser sabio no le perdonamos que no lo sea; pero no es preciso, ni necesario, que todos lo seáis. En cambio es necesario que todos los socios del Opus Dei sean doctos, competentes en su labor profesional, con prestigio de rectitud y de ciencia o de arte entre sus colegas.

Coepit Iesus facere et docere[87], comenzó Jesús a   51
hacer y a enseñar: hay que enseñar, hijos míos, con el ejemplo. La gente creerá en vuestra doctrina, cuando vea vuestras buenas obras[88], vuestro modo de obrar. El buen ejemplo arrastra siempre. Pero, para que sea eficaz, tiene que ser consecuencia de la sencillez y de la naturalidad con que los socios de la Obra saben vivir lo que enseñan.

Es afirmación dada por cristianos corrientes, en el ejercicio recto y responsable de su profesión u oficio, en el cumplimiento fiel de todos sus deberes cívicos, en la práctica —que es también deber— de todos sus derechos, en el modo de afrontar y resolver los diarios problemas y las fatigas de la vida en el mundo: a través, en una palabra, de todas sus relaciones humanas, inspiradas y vividas cristianamente, con un motivo sobrenatural, por amor a Dios y al prójimo.

---

[87] Hch 1,1.
[88] Cfr. 2 P 1,10.

Por ser ese el ejemplo que ha de dar, quizá de lejos, a distancia, no llamará nunca la atención un socio de la Obra; pero, el que se acerque a él, el que lo trate, no tardará mucho en poder decir: *aquí está Cristo*. Porque se sentirá conmovido por ese *Christi bonus odor*[89], que es fragancia del alma en trato continuo con el Señor.

Luz cristiana

52   Cada uno en su lugar, en su puesto de trabajo, los socios del Opus Dei han de dar con sinceridad, sin subterfugios ni tácticas, la luz cristiana que el pueblo y la calle esperan, porque somos para la calle y para el pueblo.

El gesto, la mirada, el modo de hablar, el modo de ver y hacer las cosas, el trato con los demás y, en general, toda la vida y el comportamiento de los miembros de la Obra, deben ir acompañados de esa sencillez que nace del ser iguales a los otros hombres. El día en que falsamente pensaran que no éramos como ellos, la calle y el pueblo se nos harían impermeables: no podríamos servir a las almas.

53   Así es como la Iglesia estará verdadera y sencillamente presente en todas las tareas de los hombres:

---

[89] 2 Co 2,15.

con el testimonio personal de hijas e hijos suyos, seglares normales −que no son frailunos ni
hacen frailadas−, que hacen viva y operante la
presencia del mensaje cristiano.

Apostolado del ejemplo realizado con
mentalidad laical, a través de personas que viven de su trabajo, y que no suponen, por tanto,
ningún peso económico para la Iglesia, a la que
sirven generosamente, sin esperar gratificación o
compensación humana de ningún tipo.

Habéis de vivir, habéis de hacer vuestra
tarea, con la rectitud y la nobleza de quienes,
en su actuación, hacen valer su ciudadanía y
su preparación profesional, no su catolicismo
ni el recurso a nombres de santos o al adjetivo
católico; con la alegría sobrenatural y el optimismo humano de quienes están profundamen-
te convencidos de que el cristianismo no es
una religión negativa y arrinconada, sino una
afirmación gozosa en todos los ambientes del
mundo: la única doctrina donde encontrarán
firme fundamento y seguro progreso todas las
instancias nobles del vivir terreno.

Apoyados en este ejemplo de desinterés franco y   54
eficaz −hecho posible, alimentado, por el trato
continuo con nuestro Padre Dios, por nuestra
devoción confiada a Santa María, por el amor a
la Iglesia y al Romano Pontífice, por la oración y

por la mortificación–, habéis de procurar cultivar la amistad con vuestros colegas de profesión, con las personas que por cualquier otro motivo hayáis de tratar.

Obraréis así, hijas e hijos míos, no ciertamente para usar la amistad como táctica de penetración social: eso haría perder a la amistad el valor intrínseco que tiene; sino como una exigencia –la primera, la más inmediata– de la fraternidad humana, que los cristianos tenemos obligación de fomentar entre los hombres, por diversos que sean unos de otros.

Y al mismo tiempo, por amor a Dios: porque la amistad facilita la confidencia; y hace así posible el apostolado de la doctrina, el acercamiento al Señor de esas almas, de esos amigos cuyo bien deseamos.

55   No faltará incluso quien, como Nicodemo –que fue de noche a Jesús[90]–, buscará en esa discreta llaneza de la amistad, escondida a la indiscreta curiosidad de la gente, el modo de vencer respetos humanos y de buscar la verdad divina, que anhela en su interior.

Bien puede decirse, hijos de mi alma, que el fruto mayor de la labor del Opus Dei es el que obtienen sus miembros *personalmente*, con

---

[90] Cfr. Jn 3,1-3.

el apostolado del ejemplo y de la amistad leal con sus compañeros de profesión: en la universidad o en la fábrica, en la oficina, en la mina o en el campo.

Es un trabajo de irradiación, de ejemplo y de doctrina, constante, humilde, silencioso, pero eficacísimo, cuyos frutos difícilmente pueden reflejar las estadísticas.

Es de tal manera humano este trabajo apostólico, que —a quien no cale la naturaleza sobrenatural de nuestra llamada divina, tan unida al ejercicio del trabajo profesional, o a quien piense que para dedicarse a Dios totalmente hay que dejar de ser personas corrientes— puede llegar a dar la impresión de que los socios de la Obra son raros, precisamente por el hecho de no serlo: por el hecho de ser tan normales, tan iguales en todo a sus conciudadanos, a sus compañeros de oficio o de profesión.

En efecto, los socios de la Obra, viven, visten y se afanan como corresponde a la posición social que, en razón de su trabajo, ocupa cada uno; y tienen la naturalidad de adaptarse, como los demás ciudadanos, a las justas exigencias y circunstancias del ambiente, con sencillez y con sinceridad de conducta; es decir, se comportan externamente igual que los demás cristianos, igual que se habrían comportado si no hubiesen pertenecido a la Obra.

56

57   No se trata, por tanto, de encubrir la propia personalidad o condición; ni de mantener un aspecto externo determinado, que no sea el que les corresponde, el que les es connatural; ni de actuar así por táctica apostólica; ni de adoptar camuflajes innecesarios.

Todas esas rarezas o hipocresías son imposibles en la Obra; podrán darse, en todo caso, en aquellas personas que intenten disfrazarse de seglares, o aparentar de alguna manera que no son religiosos, *aseglarándose* —he conocido algunos— quizá por táctica apostólica: peligrosa táctica, por cierto, que podría convertirse —porque la sinceridad reclama siempre sus derechos— en una verdadera apostasía del estado religioso, organizada con técnicas de perversión intelectual y de costumbres.

58   *Bendecid al Dios del cielo y confesadle, celebrad su magnificencia y aclamadlo en presencia de todos los vivientes, por cuanto hizo a favor nuestro: el secreto del rey, bueno es callarlo; pero es cosa gloriosa dar a conocer las obras de Dios* [91]. Nosotros, hijas e hijos míos, no tenemos nada que encubrir u ocultar; la espontaneidad de nuestra conducta y de nuestro comportamiento no puede ser confundida por nadie con el secreto.

---

[91] Tb 12,6-7.

Nunca he tenido secretos, ni los tengo ni los tendré. Tampoco los tiene la Obra: no estaría bien que los tuviese, y yo, que soy el Fundador, no lo supiera. El secreto es innecesario para el Opus Dei: no lo ha necesitado nunca, ni lo necesita ahora, ni lo necesitará jamás. El tesoro que Dios ha depositado en nosotros, la luz que hemos de comunicar es *un secreto a voces:* porque tenemos la obligación, la misión divina, de proclamarlo a los cuatro vientos.

Naturalidad y humildad personal y colectiva

Pero no olvidéis que este modo sencillo y natural de vivir nuestra vocación se complementa perfectamente con la sensata discreción sobrenatural, que la eficacia de la labor y, sobre todo, la humildad personal y la humildad colectiva requieren: especialmente ahora, en estos primeros tiempos de la Obra, que son delicados tiempos de gestación. 59

La intimidad de la entrega personal a Dios y la intimidad de la vida de nuestra Familia, no son cosas para andar pregonándolas por la calle, ni para satisfacer la curiosidad del primer oliscón agresivo que llame a la puerta: nuestra ingenuidad ha de ir unida a la prudencia.

Meditad, hijos, estas claras y estupendas palabras de San Pablo: *toda nuestra gloria consiste en* 60

el testimonio, que nos da la conciencia, de haber proce-
dido en este mundo con sencillez de corazón y sinceri-
dad delante de Dios[92]. Esta es la gloria de la Obra,
y esto es lo que cada uno de nosotros ha de procurar vivir en cualquier situación y circunstancia
en que se encuentre.

La sencillez y la sincera naturalidad de
nuestro espíritu brillarán bien en el mundo, ante
los hombres, si os esmeráis en ser filialmente
sencillos y sinceros en el trato con Dios, si continuamente procuráis poner de acuerdo con la
Verdad vuestros pensamientos, vuestras palabras
y vuestras obras.

61[*]　Sinceros también y sencillos con quienes en la
Obra tienen la misión de dirigiros y de forma-
ros, para que os puedan conducir y ayudar con
cariño, con firmeza, con comprensión y con
eficacia. Sinceros con delicadeza, pero *salvaje-*
mente sinceros.

Sin temor de ningún género para manifestar todo lo que pueda facilitar esa dirección, que
os lleva a Dios, mejora vuestro espíritu y vuestra
formación, sana prontamente cualquier herida
y endereza a tiempo cualquier desviación, por

---

[*] Sobre el significado de las expresiones "salvajemente
sinceros" y "vida de familia": ver glosario (N. del E.).

[92] 2 Co 1,12.

grave que sea o que pueda parecer: no olvidéis nunca que lo único verdaderamente grave sería ocultar esa herida o esa desviación a quien es médico, guía y pastor.

Sinceridad, finalmente, en nuestra *vida de familia*. Porque la conducta espontánea y abierta es un medio eficacísimo para hacer amable y verdaderamente cordial vuestro trato mutuo, y para facilitar el que os podáis ayudar siempre: también, cuando sea necesario, con la corrección fraterna.

Fomentar la paz y la unidad

El apostolado de la Obra —precisamente porque está empapado de una real fraternidad— ha de tender a crear a nuestro alrededor, al fomentar la comprensión recíproca, un ambiente de paz y de serena convivencia, que remueva los posibles obstáculos —¡cuántos todavía!— que se opongan a la unidad de los hombres entre sí y con el Señor.

Por tanto, es ajeno al espíritu de la Obra todo lo que signifique una limitación, un empequeñecimiento pueblerino o egoísta de la visión cristiana del mundo, de los hombres y de las cosas. Hacemos nuestra la enseñanza de San Pablo a los de Corinto, refiriéndose a la unidad de la Iglesia, figura de la unidad de todo el género

62

humano: *somos bautizados en un mismo espíritu para componer un solo cuerpo, ya seamos judíos, ya gentiles, ya esclavos, ya libres, y todos hemos bebido un mismo Espíritu*[93].

63   Esta entraña efectivamente católica del Opus Dei nos exige tener un ánimo grande, universal, capaz de sacar tantas cosas buenas del tesoro de nuestro corazón —*de bono thesauro profert bona*[94]—, para superar y abatir las numerosas barreras mentales y psicológicas que los hombres ponen a la fraternidad de los hijos de Dios.

Una de esas barreras —quizá la más perniciosa, en esta época histórica del mundo— es el nacionalismo, que dificulta la comprensión y la convivencia, que es incompatible con el auténtico amor a la propia patria y que es un gran obstáculo para la búsqueda del bien común de la sociedad humana.

La mayor exageración, la dificultad más nociva, se daría si ese nacionalismo se llevase a las cosas de Dios, que es donde mayormente ha de resplandecer la unión de todo y de todos en el amor de Jesucristo[95].

---

[93] 1 Co 12,13.
[94] Mt 12,35.
[95] Cfr. 1 Co 10,17.

La realidad de esta unión en la caridad cristiana   64
ha de manifestarse con obras —en todo el ámbito de la sociedad de los hombres— y no admite
el clasismo, menos aún el espíritu de casta o de
secta: *ya no hay distinción de judío, ni de griego; ni*
de siervo, ni libre; ni tampoco de hombre, ni mujer;
porque todos vosotros sois una cosa en Jesucristo[96].

Lograr esta unidad y hacer que permanez-
ca, es tarea difícil, que se alimenta de actos de
humildad, de renuncias, de silencios, de saber
escuchar y comprender, de saber noblemen-
te interesarse por el bien del prójimo, de saber
disculpar siempre que haga falta: de saber amar
verdaderamente, con obras.

A esta grande tarea cristiana hemos de contribuir nosotros con un decidido empeño apostólico, haciendo que todos los que se acerquen a
la Obra se sientan movidos a trabajar en favor de
esa unidad, de la mutua comprensión que lleva a
la convivencia y al bienestar humano, espiritual
y material.

En la Iglesia y en la sociedad civil no hay fieles   65
ni ciudadanos de segunda categoría. Tanto en lo
apostólico como en lo temporal, son arbitrarias
e injustas las limitaciones a la libertad de los hijos de Dios, a la libertad de las conciencias o

---

[96] Ga 3,28.

a las legítimas iniciativas. Son limitaciones que proceden del abuso de autoridad, de la ignorancia o del error de los que piensan que pueden permitirse el abuso de hacer discriminaciones nada razonables.

Ese modo injusto y antinatural de proceder —porque va contra la dignidad de la persona humana— no puede ser nunca camino para convivir, ya que ahoga el derecho del hombre a obrar según su conciencia, el derecho a trabajar, a asociarse, a vivir en la libertad dentro de los límites del derecho natural.

Nuestro espíritu nos lleva al respeto
de todas las personas

66 Hijas e hijos míos, somos amigos de trabajar pacíficamente con todos, precisamente porque estimamos, respetamos y defendemos en todo su enorme valor la dignidad y la libertad que Dios ha dado a la criatura racional, desde el mismo momento de la Creación; y, más aún, desde que el mismo Dios no dudó en asumir la naturaleza humana, y el Verbo se hizo carne y habitó entre los hombres[97].

De ahí, que nuestro empeño en tratar con todas las personas —nadie nos es indiferente,

---

[97] Cfr. Jn 1,14.

porque tampoco para Cristo lo ha sido— ha de estar siempre presidido por una exquisita delicadeza humana, que supere las simples formas sociales, puesto que es una manifestación de nuestra misma fe.

Así se comprende bien que este espíritu de la Obra ha de atraer el cariño y la ayuda de tantos no católicos y aun no cristianos, entre los cuales habréis de vivir, teniéndolos por compañeros de trabajo, por seguros amigos.

Caminemos en verdad y caridad: nuestra fidelidad leal al depósito de la fe, al Magisterio de la Iglesia, nos hará portadores de verdad, *veritatem facientes in caritate*[98], enseñando la doctrina del Evangelio con la caridad de Jesucristo.

Cuando no se pueda transigir, la intransigencia debe ser santa y, por tanto, lo será con la doctrina, no con las personas: de otro modo, no las podremos llevar a Dios, ni siquiera nos sería fácil tratarlas fraternalmente, como exige nuestra condición de cristianos. No se puede ceder en lo que es de fe: pero no olvidemos que, para decir la verdad, no hace falta maltratar a nadie.

Si alguna vez excepcionalmente, por la desfachatez y violencia del interlocutor, hay que decir las cosas con energía, en este caso, para evitar

67

---

[98] Cfr. Ef 4,15.

que nuestras palabras hieran —*irascimini et nolite peccare!*[99], aunque hablemos duramente, no nos dejemos llevar de la pasión—, habrá que echar enseguida sobre las heridas el bálsamo de la caridad, y curar, sanar, explicando que era necesario en aquel momento concreto proceder así.

68   Mayor aún, si cabe, ha de ser ese respeto a cada persona y a su libertad, cuando se trate de contrastes en cuestiones opinables. Hay, por desgracia, entre los hombres, tanta tendencia al totalitarismo, a la tiranía, al fanatismo de las propias opiniones en materias discutibles, que nos hemos de esforzar mucho para dar ejemplo —en todas partes— de nuestro amor a la libertad personal de cada uno.

Me he hecho siempre este razonamiento, que debéis también haceros vosotros y enseñarlo a los demás: si el Señor ha dejado tantas cosas a la libre disputa de los hombres, ¿por qué ha de ser enemigo mío un hombre que piense de distinta manera que yo?

Si no tenemos las mismas ideas, y me convence, aceptaré su opinión; si le convenzo yo, pensará como yo; si ninguno de los dos convence al otro, podremos siempre respetarnos, querernos bien, convivir en paz.

---

[99] Sal 4,5; Ef 4,26.

Tribue sermonem compositum in ore meo[100], pon   69
en mi boca palabras apropiadas en la presencia
de quien te contradice. De la disputa violenta
—de la discusión— no sale la luz: la pasión lo im-
pide. Por eso hay que saber escuchar al interlocutor y hablar serenamente, aunque esto suponga
a veces un esfuerzo interior de dominio, de mortificación meritoria, porque en ese acto hay ya
una razón sobrenatural que lo avalora.

　　No os quepa duda de que a veces se cree
tener toda la razón, y solo se tiene una razón
parcial, relativa; un objeto que para unos es
cóncavo, para otros es convexo: depende solo
del punto de vista. Es justo, por tanto, estudiar
con calma, fríamente, las razones de los demás y
ponerse a considerar la posición mental del que
nos contradice.

Viviendo en amistad con Dios —la primera que   70
hemos de cultivar y acrecentar—, sabréis lograr muchos y verdaderos amigos[101]: la labor que ha hecho
y hace continuamente el Señor con nosotros, para
mantenernos en esa amistad suya, es la misma labor que quiere hacer con otras muchas almas, sir-
viéndose de nosotros como instrumento.

---

[100] Est 14,13.
[101] Cfr. Si 6,17.

Ya os he dicho, hijos míos, que creo en la amistad humana: *amico fideli, nulla est comparatio*[102], nada hay comparable al amigo fiel. La amistad es un tesoro, que hemos de estimar en su gran valor humano y aprovechar también como medio para llevar almas a Dios.

Puedo deciros que me siento amigo de todo el mundo, como os habéis de sentir vosotros, porque buscamos el bien de todas las almas sin excepción. Por muy alejado que esté un hombre del Señor, por mucho que manifieste su enemistad, hemos de pensar con San Agustín que *no debemos desesperar de su conversión, porque aun entre los que son abiertamente adversarios se ocultan amigos predestinados, aunque ni ellos lo sepan*[103].

La amistad instaura un clima de confianza

71 El amigo verdadero no puede tener, para su amigo, dos caras: la amistad, si ha de ser leal y sincera —*vir duplex animo inconstans est in omnibus viis suis*[104]; el hombre falso, de ánimo doble, es inconstante en todo—, exige renuncias, rectitud, intercambio de favores, de servicios nobles y

---

[102] Si 6,15.

[103] S. AGUSTÍN DE HIPONA, *De Civitate Dei*, I, c. 35 (CChr.SL 47, p. 33).

[104] St 1,8.

lícitos. El amigo es fuerte y sincero en la medida en que, de acuerdo con la prudencia sobrenatural, piensa generosamente en los demás, con personal sacrificio.

Del amigo se espera la correspondencia al clima de confianza, que se establece con la verdadera amistad; se espera el reconocimiento de lo que somos y, cuando sea necesaria, también la defensa clara y sin paliativos: porque, como leí hace tiempo en un texto castellano, *cuando el amigo defiende o alaba con tibieza, es testigo mayor de toda excepción, que confiesa llanamente que no encuentra partes que alabar ni razón que defender: porque, si las hubiera, ¿quién como un amigo las defendiera y celebrara?*

Podéis decirme: los amigos, a veces, traicionan. Sin embargo, obrando siempre con rectitud de intención, con sentido sobrenatural, no os pueden preocupar ni desanimar las posibles sorpresas, ni esas excepciones han de frenar vuestro deseo eficaz de tener una noble inclinación limpia y afectuosa para todos.

Es verdad que es mejor confiar en Dios que en los hombres, *bonum est confidere in Domino, quam*   72*

---

* Sobre el significado del "proselitismo" en san Josemaría, ver glosario (N. del E.).

confidere in homine[105]. Por eso os digo: depositad, sobre todo, vuestra confianza en Dios, pero tened también confianza en vuestros hermanos. Con vuestra caridad, con vuestra comprensión, sembrando siempre con la debida prudencia −pero a manos llenas− la seguridad a vuestro alrededor, haced difícil, imposible, que los hombres no se sientan obligados a corresponder a la abierta caridad de vuestro trato.

Al mismo tiempo, con el respeto y el amor que profesamos a la libertad de las conciencias, a través de este apostolado de la confidencia y de la amistad, meteos en la vida de los demás −como Jesucristo se metió en la nuestra− y haced proselitismo incansablemente: para que nadie con vocación a la Obra pueda excusarse como los trabajadores ociosos de la parábola: *quia nemo nos conduxit*[106], porque nadie les dijo nada.

Pensad, además, que tenemos el derecho y el deber de asegurar, a esta maravillosa Familia nuestra, todos los hijos que el Señor tiene dispuestos desde la eternidad: para que perdure mientras haya hombres sobre la tierra, para que Jesucristo tome posesión de tantas almas, que tienen hambre y sed de Dios[107].

[105] Sal 118[117],8.
[106] Mt 20,7.
[107] Cfr. Jn 6,35.

De la vida de la Obra nacerá el cauce jurídico

Estoy terminando, hijos míos. Ya os decía al co-   73
mienzo de esta carta, que mi intención era solo
recordaros algunos puntos del espíritu sincero y
sencillo que el Señor, Bondad infinita −que re-
media la pequeñez de los instrumentos que usa−,
me ha dado para vosotros. Quiere Dios, nuestro
Padre, que aprendáis bien este espíritu, que lo ha-
gamos profundamente nuestro, que lo vivamos.

Es esta vida −la vida de la Obra−, la que
abrirá a su tiempo el necesario cauce jurídico, la
norma de derecho, que esperamos con confianza. Las plantas, que nacen desde abajo, como el
Opus Dei, han de abrirse paso por sí mismas,
con la suave violencia de la vida, protegidas por
el cuidado y la solicitud del jardinero −Jardinero
divino es el nuestro−, que pone alimento a las
raíces y asegura el desarrollo necesario, cara al
aire libre y a la luz del sol.

Las características tan peculiares de esta voca-   74
ción nuestra llevan consigo el planteamiento y la
solución −con fórmulas adecuadas− de muchos
problemas de carácter teológico, ascético, jurídico, que necesariamente han de costar tiempo y
dar quehacer; también porque muchas personas,
incluso con buena voluntad y con determinada
competencia en las diversas manifestaciones del

apostolado y de la vida de la Iglesia, tardarán en comprendernos: ya os lo he dicho.

Pero, sobre todo, porque esta realidad social y apostólica que Dios ha promovido en el seno de la Iglesia, propone problemas que son muy distintos –también en el modo de plantearlos– de los problemas propios del estado religioso; y aun cuando a veces parezca, a quienes no comprendan nuestro camino, que algunas cuestiones son comunes, las soluciones inevitablemente han de ser diferentes.

75 Convencidos como estamos de la naturaleza sobrenatural de la Obra de Dios, hemos de lograr que la forma jurídica responda plenamente al espíritu que estamos viviendo. No podemos vestir un traje ajeno, hemos de vestir un traje hecho a la medida, sin que esta necesidad suponga, de ningún modo, deseo de singularizarse: es esto condición indispensable, para asegurar nuestra vida interior, y para nuestra misma perseverancia, y para la auténtica eficacia espiritual de la Obra en el servicio de la Iglesia.

Solo así podremos corresponder generosamente y fielmente a la vocación específica que hemos recibido; solo de este modo nos será hacedero cumplir la tarea que nos ha sido encomendada, con medios acéticos y a través de formas apostólicas que responden plenamente a los fines propios de nuestra vocación. Digo, por tanto, a cada uno de vosotros: *caminante, no hay camino; se hace camino al andar*[108].

De esta manera se evitará también que, por temor, por pensar que venimos a *competir* con otras instituciones apostólicas que trabajan en la Iglesia, temor del todo infundado, haya –lo estamos padeciendo– quienes se sientan movidos a poner obstáculos a nuestra labor, oponiéndose a nuestra libertad de hijos de Dios y comprometiendo la admirable unidad y variedad del apostolado de la Iglesia, riqueza multiforme del Espíritu del Señor.

El cielo está empeñado, hijos míos, en que la   76
Obra se realice. Las dificultades humanas –pensad, por ejemplo, en la dolorosa experiencia de los tres años de guerra civil en España; o en la nueva guerra mundial, que parece amenazar la expansión de la Obra en otros países y en otros continentes– son dificultades que no han podido ni podrán frenar el vigor y el alcance de nuestra labor sobrenatural.

Tampoco la absoluta pobreza en que vivimos, la falta a veces de los medios humanos más indispensables, son obstáculos o dificultades

---

[108] Antonio MACHADO, *Campos de Castilla*, "Proverbios y cantares" XXIX.

que valga la pena considerar: más bien constituyen un poderoso estímulo y un acicate, porque
esta escasez de recursos representa una prueba
externa más de que verdaderamente estamos si-
guiendo las pisadas de Cristo.

Menos aún podrán detenernos, o dismi-
nuir la firmeza de nuestro paso —vamos al paso
de Dios—, las dificultades de comprensión que
nuestro camino encuentre, porque nadie puede
frenar una impaciencia santa, divina, por servir a
la Iglesia y a las almas.

Acrecentad, pues, vuestra fe y confianza en
Dios. Y tened también un poco de fe y de confianza en vuestro Padre, que os asegura que pro-
cedéis en la verdad, obedeciendo a la Voluntad
de Nuestro Señor, y no a la débil voluntad de un
pobre sacerdote... *que no quería*, que no pensó ni
deseó nunca hacer una fundación.

77   Escuchad lo que el Señor hace decir a San Pablo: *por lo cual, teniendo nosotros este ministerio,
en virtud de la misericordia que hemos alcanzado
de Dios, no decaemos de ánimo, antes bien, des-
echamos lejos de nosotros las ocultas infamias, no
procediendo con artificio, ni alterando la palabra
de Dios, sino alegando únicamente en favor nuestro
para todos aquellos que juzguen de nosotros según
su conciencia, la sinceridad con que predicamos la
verdad delante de Dios.*

Que si todavía nuestro Evangelio está encubierto, es para los que se pierden para los que está encubierto; para esos incrédulos cuyos entendimientos ha cegado el dios de este siglo, para que no les alumbre la luz del Evangelio de la gloria de Cristo, el cual es imagen de Dios.

Porque no nos predicamos a nosotros mismos, sino a Jesucristo Señor Nuestro, haciéndonos siervos vuestros por amor de Jesús; porque Dios, que dijo que la luz saliese de en medio de las tinieblas, él mismo ha hecho brillar su claridad en nuestros corazones, a fin de que nosotros podamos iluminar a los demás, por medio del conocimiento de la gloria de Dios, según que ella resplandece en Jesucristo[109].

Por tanto, hijas e hijos de mi alma, rezad y sed fieles —*multum enim valet deprecatio iusti assidua*[110]—, que la oración vale mucho, y ha sido y ha de ser siempre nuestra gran arma. Trabajad y estad alegres, serenos y seguros, en la correspondencia a vuestra vocación, al espíritu sencillo y sincero del Opus Dei: *filii lucis estis et filii diei*[111], todos vosotros sois hijos de la luz e hijos del día, y en medio de la claridad de la calle caminamos al resplandor del sol.

[109] 2 Co 4,1-6.
[110] St 5,16.
[111] 1 Ts 5,5.

Cuando pienso en vosotros y en vuestros deseos de fidelidad —¡y os tengo continuamente presentes!—, siento la necesidad de repetiros con palabras de la Sagrada Escritura: *grande es la confianza que tengo en vosotros, y muchos los motivos de gloriarme en vosotros; estoy inundado de consuelo, reboso de gozo en medio de todos mis trabajos*[112].

¡Qué bueno es el Señor, que nos ha buscado, que nos ha hecho conocer esta manera santa de ser eficaces, de entregar la vida sencillamente, de amar a las criaturas todas en Dios y de sembrar paz y alegría entre los hombres! Jesús, ¡qué bueno eres, qué bueno!: *Iesu, Iesu, esto mihi semper Iesus!*

Pido a Dios, hijos míos, que esa alegría y esa paz, en unión con Jesucristo, Señor Nuestro, y con Santa María, Nuestra Madre, os acompañen siempre.

Os bendice en el Señor vuestro Padre.

Madrid, 11 de marzo de 1940

---

[112] 2 Co 7,4.

GLOSARIO

de algunos términos y expresiones
usadas por san Josemaría

(actividades profesionales) *constituyen un impedimento, que se ha de abandonar:* san Josemaría se refiere a aquellas actividades que para los religiosos están canónicamente prohibidas o son incompatibles con su vocación, mientras que para los fieles de la Obra son –mientras se trate de tareas honestas– un válido campo de santificación. (6,22)

alma sacerdotal: es un concepto esencial en el pensamiento de san Josemaría, para quien todo cristiano puede y debe ejercitar el sacerdocio común de los fieles en múltiples aspectos de la vida ordinaria: ofreciendo el trabajo a Dios, en unión a la Eucaristía, y orientando la propia vida hacia el servicio y la salvación eterna de los demás, con el deseo de santificar todas las tareas terrenas. Para evitar el peligro del clericalismo, lo unía inseparablemente al concepto de "mentalidad laical". (6,11-14)

asociaciones o movimientos: el panorama actual de esas formas de vida cristiana es diversísimo y en algunos casos ha evolucionado bastante desde que Escrivá redactó estas *cartas.* En algunos de los actuales movimientos se dan –al menos para alguna categoría de miembros– las condiciones de dedicación plena, vinculación estable, formación profunda y rigurosa, etc. que el fundador notaba como diferencia entre estas realidades y el Opus Dei. La diversidad de la Obra estriba más bien, quizá, en la unión inescindible entre labor profesional y apostolado, que es esencial en el carisma del Opus Dei. (6,42)

en Burjasot: san Josemaría se encontraba en ese lugar para predicar un curso de retiro a estudiantes. La anécdota está descrita en Andrés Vázquez de Prada, *El Fundador del Opus Dei,* vol. II, Rialp, Madrid, 2002, p. 357. (6,46)

(contrato) *simple contrato:* desde que el Opus Dei obtuvo, en 1982, la configuración jurídica como prelatura, la incorporación temporal o definitiva de los propios fieles se realiza por medio de una declaración formal entre la persona interesada y un representante de la prelatura, acerca de los recíprocos derechos y deberes, ante dos testigos. Aunque tal declaración pueda justamente llamarse "contrato" o "convenio" (cfr. const. apost. "Ut sit" 19 de marzo de 1983, norma III, AAS 75 [1983], pp. 423-425; CIC, c. 296), de ella surge una relación de comunión entre el fiel y los demás miembros del Opus Dei, con consecuencias jurídicas, pero sin algunos de los elementos que podrían hacer de ella un simple "vínculo contractual". Cuando san Josemaría escribe esta frase está pensando con aproximación en lo que solo mucho más tarde, en 1982, se perfilará con precisión. A la hora de formalizar el vínculo de cada fiel con la Obra, pensaba en una fórmula de ese estilo, para apartarse de la tradicional emisión de votos, más propia de la vida consagrada y más deudora de una praxis canónico-teológica que el Opus Dei deseaba abandonar cuando esta *Carta* fue ultimada. (6,10)

luchemos en nuestra vida interior: para san Josemaría, la "lucha ascética", es decir, el mejoramiento espiritual, está motivada por el amor a Dios y al prójimo, no por un mero deseo de autocontrol y perfeccionamiento personal (6,20)

mentalidad laical: expresión de significado muy rico en san Josemaría, expresa su rechazo al clericalismo y al mismo tiempo su amor al mundo, que Dios ha dado a los cristianos para que lo santifiquen; no debe confundirse con "mentalidad laicista", la propia de quien se opone a que la religión tenga relevancia pública. (6,53)

no habrá opiniones: el párrafo contiene dos ideas que a primera vista podrían parecer contradictorias. Por

un lado, afirma que no habrá *opiniones* "en lo fundamental", es decir, en el "breve denominador común"
que está constituido por la doctrina de la Iglesia y el
espíritu característico de la Obra, incluyendo el peculiar modo de ejercitar el apostolado. No cabe aquí,
para el fundador, disgregación en grupos, corrientes o
partidos, que sigan una propia interpretación de ese
sustrato fundamental. Al mismo tiempo, la diversidad de opiniones en cuestiones opinables le parece
loable en el Opus Dei. (6,27)

perfección cristiana: es un modo de llamar a la búsqueda de la unión con Cristo, a la identificación con Él,
propia de cualquier estado de vida, que para san Josemaría es clave en la aspiración a la santidad cristiana; no se debe confundir con el perfeccionismo, ni
con la búsqueda de una excelencia espiritual elitista y
meramente humana, con las que tiene poco que ver.
(6,24.26.44)

proselitismo: en san Josemaría no consiste en una mera
captación de adeptos, como hoy vulgarmente se en-
tiende esta palabra, sino en ayudar en la delicadísima
tarea del discernimiento vocacional, proporcionando
luz, doctrina y buen ejemplo. Y al mismo tiempo,
acompañando esta ayuda con abundante oración y
sacrificio, para que las personas, si Dios les llama,
sean capaces de responder afirmativamente al gran
don de la vocación divina, para seguir a Jesús como

discípulos. Como la obra de San Rafael tiende a convertir a todo joven en un seguidor de Jesucristo, en una persona identificada con la misión redentora del Señor, en un apóstol suyo en medio del mundo, independientemente de que se le plantee o no su posible vocación al Opus Dei, dice que «con todos hacemos labor de proselitismo» (*Carta* 7,18). (6,72)

(sinceridad) *salvajemente sinceros:* la sinceridad "salvaje" es una hipérbole muy frecuente en la predicación y escritos de Escrivá. Significa valentía para ser transparentes y para examinarse a sí mismos. (6,61)

vida de familia: entre las personas del Opus Dei existen lazos de fraternidad, semejantes a los de una familia. (6,61)

ESTE LIBRO, PUBLICADO POR
EDICIONES RIALP, S. A.,
MANUEL URIBE 13-15, 28033 MADRID,
SE TERMINÓ DE IMPRIMIR EN
ANZOS, S. L. FUENLABRADA (MADRID),
EL DÍA 27 DE MARZO DE 2024.